JLA
図書館実践シリーズ ……………………… 26

障害者サービスと
著作権法

第2版

日本図書館協会障害者サービス委員会
著作権委員会 編

Japan Library Association

日本図書館協会

**Library Services for Persons with Print Disabilities with Special
Reference to Japanese Copyright Law, 2nd Edition**
〔JLA Monograph Series for Library Practitioners ; 26〕

障害者サービスと著作権法 ／ 日本図書館協会障害者サービス委員会,
著作権委員会編. － 第 2 版. － 東京 ： 日本図書館協会, 2020. －
151p ； 19cm. － 〔JLA 図書館実践シリーズ ； 26〕. － ISBN978-4-
8204-2006-4

t1. ショウガイシャ サービス ト チョサクケンホウ a1. ニホン トシ
ョカン キョウカイ
s1. 図書館奉仕 s2. 身体障害者 s3. 著作権 ① 015.17

まえがき

　図書館の障害者サービス（＝図書館利用に障害のある人々への
サービス）にとって著作権法はとても重要な法律です。

　2009 年と 2018 年に改正された著作権法は，それを受けて発表
された「図書館の障害者サービスにおける著作権法第 37 条第 3
項に基づく著作物の複製等に関するガイドライン」（3 章で詳述）
とあわせて運用することで，世界的に見ても大変優れた内容に
なっています。

　2009 年の改正以前は，著作権法は図書館の障害者サービスの，
ある意味障壁の一つでしたが，これらの改正により法律上のバリ
アが取り外されただけではなく，さらに障害者等への情報提供施
設としての図書館に大きな使命を与えることとなりました。

　ところが残念なことに，この法改正の趣旨や内容について，知
らない図書館職員があまりに多いことがわかってきました。その
原因を考えると，一定水準以上の障害者サービスの実施率の低さ
を挙げることができます。サービスを実施していない図書館では，
自分たちに関係のある法律だとは考えなかったためです。現行著
作権法を活用して，図書館ではいろいろなサービスを行うことが
できます。それは，単なる障害者サービス用資料を自由に製作で
きるという程度の話ではなく（もちろんそれも大切ですが），障害
者サービス用資料を一つも所蔵していなくても，障害者等への情
報提供ができることが重要です。また，ここでいう図書館には，
公共図書館だけではなく，学生支援室を含む大学図書館や学校図
書館等も含まれます。そこにいる障害を持つ児童・生徒，学生に

も，図書館を通じてさまざまなサービスができます。全国の公共図書館・大学図書館・学校図書館を基点に，視聴覚障害者情報提供施設やボランティア等とも連携し，障害者等への情報提供ネットワークを構築することが求められています。さらには，2019年6月成立の「視覚障害者等の読書環境の整備の推進に関する法律」（読書バリアフリー法）においてもそのことが明確に示されています。

　『障害者サービスと著作権法　第2版』を刊行するにあたり，日本図書館協会の障害者サービス委員会と著作権委員会がそれぞれの得意分野を生かし，連携して本書を作成しました。内容は両委員会が責任を持つものになっています。

　障害者サービスの実施の有無に関係なく，多くの図書館関係者に本書をお読みいただき，現行著作権法の趣旨をご理解いただくと共に，図書館がなすべきことを考えていただければと思います。また，担当者の方々には具体的なサービス拡充の参考にしていただければ幸いです。

　2020年11月
　　　　　　公益社団法人日本図書館協会障害者サービス委員会
　　　　　　　　　　委員長　佐藤聖一

目 次

目次

c o n t e n t s

1章 はじめに

1.1 2009年・2018年改正法の意義，今後の展望

　2009年6月12日，当時の文化庁著作権課長が「平成の大改正」と称した多くの改正事項からなる「著作権法の一部を改正する法律」（2009年改正法）が国会で成立し，同年6月19日に公布され，翌2010年1月1日から施行されました。

　障害者の情報保障のための活動を円滑に行う環境を整えるために著作権者の権利を制限する規定は，1970年に現在の著作権法が制定される際，当時の文化庁著作権課担当者の強い意思で，初めて設けられたものです。ただ，その内容は，点字図書を自由に製作してもよいという規定と，点字図書館が視覚障害者の貸出用の録音図書を自由に製作してもよいという規定が設けられたにすぎませんでした。そのため，点字図書館以外の施設が点字図書以外の資料を製作する場合には，著作権者の許諾が必要という状況が続いていました。このことは，1975年の東京都内の公共図書館における録音テープの製作が問題視されるという事件（「愛のテープ」事件）で明らかになり，その後，長年にわたる著作権法改正をめぐる運動が続けられることになりました。

　その運動の結果，2000年には，当時普及しつつあった点字データの製作や，製作した点字データをインターネット配信

することについて，著作権者の許諾なしで行える規定と，聴覚障害者情報提供施設が聴覚障害者の字幕リアルタイム送信を著作権者の許諾なしで行える規定が設けられることとなりました。次いで，2006 年には，視覚障害者情報提供施設が音声データを視覚障害者のために配信することについて，著作権者の許諾なしに行えるようにするための規定が設けられ，一定の進歩を遂げることになります。ただ，点字図書館以外の施設では依然として著作権者の許諾がなければ録音図書は作れませんし，点字図書館でも，点字図書と録音図書以外のものは作れませんでした。それに，ディスレクシア（Dyslexia）のような，視覚障害者以外の，印刷物からの情報入手が困難な人が録音図書を使うことはできませんでした。また，録音図書も貸出用に限定されていました。

ところが，2009 年改正法によって，これらのことがすべて実現できるようになったのです。特に，公共図書館や大学・学校図書館で，印刷された資料にアクセスすることが難しかった人々に対しての図書館サービスを円滑に行うことが可能となっています。

さらに 2018 年には，2009 年改正法で積み残しとなっていた，著作権法第 37 条第 3 項で資料が製作できる施設・団体にボランティア団体等を加えるための政令（著作権法施行令）改正がなされました。そして，政令で定められた施設や団体から視覚障害者等に電子メール等でデータを送信したり，オンラインで対面朗読をすることなどができるようになりました。

今後はこれらの法改正の内容が図書館界で共有され，もって，図書館での障害者サービスがさらなる進展と活性化することを期待します。

（南　亮一）

1.2 障害者等へのサービスとして図書館は何ができるようになったのか

　2009年と2018年の著作権法の改正により，図書館などの政令で定められた施設において，新たに以下のことができるようになりました。

(1)　自由にさまざまな障害者サービス用資料の製作ができる

　図書館などの政令で定められた施設では，自由にさまざまな障害者サービス用資料を製作できるようになりました。さまざまな，というのは，「視覚障害者等が利用するために必要な方式」とされ，録音・拡大・テキストデータ・音声デイジー（DAISY）[*1]・マルチメディアデイジー等，視覚障害者等が利用できる形であればかまいません。

*1　デイジーは障害者にアクセシブルなデジタル資料です。読みたい見出しやページに自由にジャンプできる等の優れた機能があります。特に，マルチメディアデイジーは，文字と音声と画像がシンクロ（同期）して再生されるので，発達障害を含むいろいろな障害者が利用できます。

(2)　製作した資料を利用できる人が「視覚障害者等」に大幅拡大

　録音資料を利用できる人は，以前は視覚障害者に限られていました。現行法では障害者サービス用資料が利用できる人として，「視覚による表現の認識が困難なもの」に大幅拡大されました。具体的には，視覚障害者はもちろん，高齢で目の

不自由な人，発達障害等で目で読んでも内容がわからない人も含まれます。また，手の不自由な人，いわゆる寝たきり状態の人等，物理的な意味で本が利用できない人も含まれます。これは，法改正にあわせて制定・改定された「図書館の障害者サービスにおける著作権法第 37 条第 3 項に基づく著作物の複製等に関するガイドライン」（障害者サービス著作権ガイドライン）で明確になっています（3 章で詳述）。

　大切なことは，利用のために障害者手帳の有無は関係ないということと，利用対象者であるかどうかを図書館（職員）が判断しそれがわかるような利用登録をしなくてはならないということです。

(3) 資料の貸出・公衆送信・譲渡ができる

　著作権法第 37 条第 3 項で製作した障害者サービス用資料は，自館製作のものはもちろん，従来どおり相互貸借で借りたものも貸し出すことができます。このほかに，資料データのインターネットによる配信やメール添付による提供，複製物の譲渡もできるようになりました（譲渡は著作権法第 47 条の 7 で認められています）。

　以前から視覚障害者への無料の郵送は行われてきましたが，インターネット配信により利用者が自宅でいつでもデータをストリーミング再生したり，ダウンロードして保存し，後でゆっくり聞くことができるようになりました。

　インターネットによる配信は，公共図書館や学校図書館などが製作したものは国立国会図書館のサイトから行われています。視覚障害者情報提供施設が製作したものは「サピエ図書館」^(*2)から行われています。

4

また，2018年改正で公衆送信が認められたことにより，製作した資料のデータをメールに添付して個別に送ることもできるようになりました。

譲渡はコピーしたものを利用者にあげてよいということで，たとえば利用者から預かった記録媒体にデータをコピーして渡すことができます。

*2　サピエ図書館は，インターネット上の電子図書館です。点字・デイジー等の障害者サービス用資料の書誌と実際のデータを収集し配信しています。

(4) 公共図書館・点字図書館等の政令で定められた施設で製作した資料を，お互いにコピーして提供できる

この法律で製作した障害者サービス用資料は，お互いにデータをコピーして利用者に提供することができます。また，サピエ図書館などでインターネット配信されているデータをダウンロードして，CD等にコピーして提供することもできます。デイジー雑誌のように，複数枚コピーして多くの利用者に一度に提供することも可能です。

(5) ただし，同じものが販売等されている場合は製作できない

以上のように，図書館などによる自由な製作が認められていますが，同じ形式の障害者サービス用資料が販売等されている場合は製作できないという制限があります。資料が販売されている場合はそれを積極的に購入し，図書館はどこにもないものを製作・提供してほしいと願うものです。

なお，仮に著作権法第37条第3項で製作した同じ形式の同じタイトルの資料があったとしても，別の図書館で製作することには問題ありません。

　このように障害者サービスを行う上での著作権法上での「障壁」は大幅に解消されました。著作権法を理由にサービスを躊躇することはできません。それどころか，著作権法は図書館が果たすべき役割を示しているのではないでしょうか。

（佐藤　聖一）

1.3 本書の使い方

　2009年と2018年の著作権法の改正により，障害者等への情報保障に関連する著作権者の権利制限が拡大され，これにより図書館等ができることが大きく変わりました。これは，障害当事者や関係者による長年の運動の賜物であり，世界的な動向に沿った画期的な法改正といえます。

　ところが，いまだにこの制度改正を知らない図書館職員も多く，せっかくの法改正もなかなか実際のサービス拡大につながっていないのが現状です。その原因を考えると，現行著作権法により図書館で何ができるのか，ということを図書館職員に具体的に理解されていないことが大きな要因であると思われます。

　本書は，具体的事例と法による根拠をわかりやすく示すことで，今後の障害者サービスを展開する上での手引きとなることを目指しています。2章では個々の関連条文の解説，3章では著作権法第37条第3項を図書館が具体的に運用するための指針となる「障害者サービス著作権ガイドライン」の詳

しい説明，4 章で実際に起こりうる事例や疑問点の Q&A と，さまざまなアプローチから解説をしています。5 章では図書館職員に知ってほしい，著作権法により実現できているさまざまなサービスを紹介，6 章では今後について考えるべく，大局的な見地から世界的な動きと私たちが進んでゆくべき方向を記しました。本書が，図書館の基本である「すべての人に図書館サービスを」という理念を実現するために活用されることを願っています。

＊本文中「著作権法第 37 条第 3 項」という言葉がよく出てきます。見出し部分を除いて「法第 37 条第 3 項」，あるいはただ単に「第 37 条第 3 項」のように表記することがあります。

（新山　順子）

2章 著作権法関連条文の解説

2.1 著作権法第37条（点字に関する部分）の内容と解説

(1) はじめに

　著作権法第37条は，視覚障害等の障害により視覚による表現の認識が困難な者（以下，視覚障害者等）が墨字（点字に対して印刷された文字のこと）から情報を得るようにするための情報変換を，著作権を持つ人（著作権者）の許諾なしに行うことを認めるための規定です。この節ではこのうち，点字や点字データを製作する際に適用できる規定である，同条第1項および第2項について解説します。

（視覚障害者等のための複製等）

第37条　公表された著作物は，点字により複製することができる。

2　公表された著作物については，電子計算機を用いて点字を処理する方式により，記録媒体に記録し，又は公衆送信（放送又は有線放送を除き，自動公衆送信の場合にあつては送信可能化を含む。次項において同じ。）を行うことができる。

---

(2) 点字に関する規定の特徴

点字に関する規定は，後述する法第37条第3項と比べてみると，大きな特徴があります。それは，誰が行っても適用されることと，どんな目的でも，たとえば営利目的であったとしても適用されるということです。また，視覚障害者等でない人に使ってもらうためであってもかまいません。このことは，法第37条第3項においては，適用されるのは図書館や視覚障害者等向けの福祉施設等に限定され，目的も視覚障害者等に使ってもらうことに限定されることなどと比べると，かなり特徴的なことといえます。

これは，点字については，音声などと比べ利用する人がかなり限定されていることから，ある程度広い範囲で適用されたとしても，著作権者の経済的利益に影響を及ぼすことはないと考えられたためです。このため点字の場合には，利用するにあたってはほぼ制約はない，と考えることができます。

(3) 点字資料の製作 (第1項)

第1項は，点字資料の製作について定めています。(2)で説明したように，販売を目的に製作する場合であっても，視覚障害者等でない人向けに製作する場合であっても，目的を問わず点字図書を作ることができます。また，営利企業が作っても，ボランティアが作っても，誰が作ってもかまいません。さらに，翻訳したものを点字で製作することもできます。

唯一の要件は「公表された著作物」を使う，ということです。「公表」とは，一定程度の部数が作られる，インターネット上で配信されている等の形で，ある程度の数の人がその著作物に触れることのできる状態になっていることをいいます。

点字図書を製作する対象となる資料はたいていこの要件をクリアしていると思いますので，あまり気にすることはないでしょう。

　なお，製作した点字図書については，自由に貸し出したり配ったりすることができます。ただ，営利目的または有料での貸出の場合には，貸与権という権利が働くため，著作権者の許諾を得る必要があります。

⑷　点字データの製作・送信（第2項）

　第2項は，点字を打ち出したり表示させたりする元となる点字データの状態で，そのデータを記録媒体にコピーしたり，電子メールで送信したり，インターネット上で配信したりすることについて定めています。この場合も，⑵で説明したように，作る人や利用目的について限定されていませんし，翻訳した上で行うこともできます。「公表された著作物」を使うという要件も，第1項の場合と同じです。

　また，点字データを記録媒体に保存したり，点字データが記録された記録媒体（CD，DVD，USB メモリなど種類は問いません）を誰かに提供したりすることもできます。送信については前述のとおり，オンラインデータベースなどを用いてインターネット上に掲載しておき，自由にダウンロードできるようにしておくことや，電子メールによって点字データを誰かに送ること等ができます。

　ただ「放送又は有線放送」が除かれていますので，データ放送の形態で点字データを流すことは認められていません。これは，この規定が設けられた 2000 年当時，そのような形態での利用の実態がなかったためです。

なお，点字データが記録された記録媒体についても，第1項の場合と同じく自由に貸し出したり配ることができる一方で，営利目的または有料での貸出の場合には，貸与権という権利が働くため著作権者の許諾を得る必要があります。
（公衆送信，自動公衆送信については 2.2 (4)参照）

2.2 著作権法第 37 条第 3 項の内容と解説

(1)　はじめに

　2.1 で触れましたが，法第 37 条は，視覚障害者等が印刷物のような視覚著作物を利用するために，著作権者の許諾なしに情報変換を行うことを認めるための規定です。この項では，このうち点字による情報変換以外のすべてについて，つまり録音資料，拡大文字資料，マルチメディアデイジー，触る絵本や触地図等を作ったり，これらのデータを送信したりする際に適用される規定である法第 37 条第 3 項について説明します。

　なお，この規定の細部の解釈は，図書館関係団体と権利者団体とが協議した上で作成された「図書館の障害者サービスにおける著作権法第 37 条第 3 項に基づく著作物の複製等に関するガイドライン」（障害者サービス著作権ガイドライン）により定められています。このガイドラインについては，3 章で詳しく説明していますのであわせてお読みください。

（視覚障害者等のための複製等）
第 37 条
　3　視覚障害その他の障害により視覚による表現の認識が

困難な者（以下この項及び第102条第4項において「視覚障害者等」という。）の福祉に関する事業を行う者で政令で定めるものは，公表された著作物であつて，視覚によりその表現が認識される方式（視覚及び他の知覚により認識される方式を含む。）により公衆に提供され，又は提示されているもの（当該著作物以外の著作物で，当該著作物において複製されているものその他当該著作物と一体として公衆に提供され，又は提示されているものを含む。以下この項及び同条第4項において「視覚著作物」という。）について，専ら視覚障害者等で当該方式によつては当該視覚著作物を利用することが困難な者の用に供するために必要と認められる限度において，当該視覚著作物に係る文字を音声にすることその他当該視覚障害者等が利用するために必要な方式により，複製し，又は公衆送信を行うことができる。ただし，当該視覚著作物について，著作権者又はその許諾を得た者若しくは第79条の出版権の設定を受けた者若しくは第79条の出版権の設定を受けた者若しくはその複製許諾若しくは公衆送信許諾を得た者により，当該方式による公衆への提供又は提示が行われている場合は，この限りでない。

⑵　この規定の意義

　この規定は，2.1で紹介した点字資料や点字データの製作や送信の場合とは異なり，適用に際していくつかの条件がつけられています。点字の場合には，公表された著作物を使いさえすれば，どんな目的にでも使え，誰が作ってもよく，どんな著作物も使えます。ところが，この規定の場合には，公

表された著作物を使うことだけでなく，製作したものを使う目的も限られており，誰が作ってもよいわけではありません。元の著作物の種類も限られています。このため，この規定を適用する場合にはさまざまな点に注意する必要があります。

　これは，点字の場合は障害者への情報保障以外の目的で使うことは考えられないので著作権者の経済的利益にほとんど影響を与えないのに対し，録音図書や拡大図書などの場合には健常者が別の目的で使うことができるので，著作権者の経済的利益に影響を与えるおそれがあるからです。

　この規定が最初に制定された1970年の時点では，点字図書館などの視覚障害者福祉施設が，視覚障害者への貸出用の録音図書を製作できると定められていただけでした。すなわち，公共図書館が製作すること，ディスレクシアなどの視覚障害以外の障害者に提供すること，貸出以外の方法で提供すること，録音図書以外のものを製作することには，適用されませんでした。このため，公共図書館等で録音図書等を製作する場合には，著作権者から許諾を得なければなりませんでした。具体的には，著作権者の連絡先を調べて許諾依頼状を発送し，許諾書を送ってもらわなくてはならないので，これらの手続きに時間がかかりました。場合によっては，許諾書が返送されないために製作が開始できないことや，著作権者の意向により許諾が得られずに製作できないこともありました（「『恍惚の人』録音で対立／聞きたいと寝たきり老人／不向きと有吉さん」『東京新聞』1975年10月24日付）。

　その後，長年の関係者の法改正運動により，2006年にまずは点字図書館等だけですが，デジタル録音図書の視覚障害者への配信が著作権者の許諾なしに行えるようになりました。

そして，2009年の法改正により従来の制約が大幅に緩和され，視覚障害者をはじめとした，視覚による表現の認識に障害がある人々への情報へのアクセスを保障するための活動が行いやすくなりました。

　さらに2018年には，肢体不自由などにより，視覚には障害はないものの手に取って読むことが難しい人などが対象に含まれることが明確化され，加えて，一定の要件を満たしたボランティア団体等についても許諾を得ないで行えることが，新たに認められました。

　以下では，緩和された内容がどういうものなのかを説明します。

⑶　誰が作った場合に適用されるのか

　はじめに，この法第37条第3項の規定につき，誰が作った場合に適用されるかを説明します。同項では，「視覚障害その他の障害により視覚による表現の認識が困難な者（中略）の福祉に関する事業を行う者で政令で定めるもの」と定められています。すなわち，適用範囲は政令で定められている，というわけです。この「政令」とは，著作権法施行令（昭和45年政令第335号）のことで，現行の第2条（視覚障害者等のための複製等が認められる者）に，次のとおり列挙されています。

（視覚障害者等のための複製等が認められる者）
第2条　法第37条第3項（法第86条第1項及び第3項並びに第102条第1項において準用する場合を含む。）の政令で定める者は，次に掲げる者とする。
一　次に掲げる施設を設置して視覚障害者等のために情

報を提供する事業を行う者（イ，ニ又はチに掲げる施設を設置する者にあつては国，地方公共団体又は一般社団法人等，ホに掲げる施設を設置する者にあつては地方公共団体，公益社団法人又は公益財団法人に限る。）

イ　児童福祉法（昭和 22 年法律第 164 号）第 7 条第 1 項の障害児入所施設及び児童発達支援センター

ロ　大学等の図書館及びこれに類する施設

ハ　国立国会図書館

ニ　身体障害者福祉法（昭和 24 年法律第 283 号）第 5 条第 1 項の視聴覚障害者情報提供施設

ホ　図書館法第 2 条第 1 項の図書館（司書等が置かれているものに限る。）

ヘ　学校図書館法（昭和 28 年法律第 185 号）第 2 条の学校図書館

ト　老人福祉法（昭和 38 年法律第 133 号）第 5 条の 3 の養護老人ホーム及び特別養護老人ホーム

チ　障害者の日常生活及び社会生活を総合的に支援するための法律（平成 17 年法律第 123 号）第 5 条第 11 項に規定する障害者支援施設及び同条第 1 項に規定する障害福祉サービス事業（同条第 7 項に規定する生活介護，同条第 12 項に規定する自立訓練，同条第 13 項に規定する就労移行支援又は同条第 14 項に規定する就労継続支援を行う事業に限る。）を行う施設

二　前号に掲げる者のほか，視覚障害者等のために情報を提供する事業を行う法人（法第 2 条第 6 項に規定す

る法人をいう。以下同じ。）のうち，視覚障害者等のための複製又は自動公衆送信（送信可能化を含む。）で次に掲げる要件を満たすもの

イ　視覚障害者等のための複製又は公衆送信（放送又は有線放送を除き，自動公衆送信の場合にあつては送信可能化を含む。ロにおいて同じ。）を的確かつ円滑に行うことができる技術的能力及び経理的基礎を有していること。

ロ　視覚障害者等のための複製又は公衆送信を適正に行うために必要な法に関する知識を有する職員が置かれていること。

ハ　情報を提供する視覚障害者等の名簿を作成していること（当該名簿を作成している第三者を通じて情報を提供する場合にあつては，当該名簿を確認していること）。

ニ　法人の名称並びに代表者（法人格を有しない社団又は財団の管理人を含む。以下同じ。）の氏名及び連絡先その他文部科学省令で定める事項について，文部科学省令で定めるところにより，公表していること。

三　視覚障害者等のために情報を提供する事業を行う法人のうち，当該事業の実施体制が前号イからハまでに掲げるものに準ずるものとして文化庁長官が指定するもの

　まず 2009 年の法第 37 条第 3 項の全面改正の際に，著作権法施行令の第 2 条第 1 項も改正され，その結果，対象範囲が

次のように広げられました。

a　視覚障害者を対象とする福祉施設に限定されていたもの
　を，視覚障害者以外の障害者を対象とする福祉施設にも範
　囲を拡大。
b　これまで対象外だった大学図書館（ロ），国立国会図書館
　（ハ），公共図書館（ホ　ただし，設置する者が地方公共団体，
　公益社団法人または公益財団法人である施設に限定されていま
　す）および，視覚特別支援学校以外の学校に設置されてい
　る図書館（ヘ）にも範囲を拡大。

　特に，本書の読者層と考えられる図書館職員にとっては，
著作権者からの許諾を得る手続きが不要になるということで，
bの拡大は大変重要なものといえます。
　ただ，このときの改正ではボランティアグループは対象と
はされず，ボランティアグループが製作する場合には，国会
答弁や通知文書によると，①著作権法施行令第2条第1項第
2号の指定を受ける，②「政令で定める者」であった各図書館
等の意思に基づき，この者の代わりに行う，③視覚障害者等
本人の行う私的使用の複製につき，ボランティアがその手足
として複製を行う，のいずれかに当てはまらなければなりま
せんでした。
　このため，その後もこれらのボランティアグループが含ま
れるよう協議が行われ，その結果，2018年12月に先に掲げ
た著作権法施行令第2条第1項第2号が改正され，次の要件
を満たすボランティアなどの団体であれば適用されることに
なりました。

a　適切に複製などを行うための人材や機器や安定的・継続的に活動できる財産・収入等があること。

b　適切に複製などを行うために必要な著作権法に関する知識を有する職員，たとえば，司書等の資格を有する職員や，各所で行われる著作権に関する研修を受講することで法第37条第3項などに関する基礎的な知識を習得している職員などを置いていること。

c　提供対象となる視覚障害者等の名簿を作成していたり，第三者を通じて提供している場合はその名簿を確認していること（後者については，国立国会図書館やサピエ図書館経由の場合は不要とされている）。

d　法人の名称，代表者等の氏名・連絡先，情報提供する事業の内容およびaからcまでの条件を満たしている旨を，「一般社団法人授業目的公衆送信補償金管理協会」(SARTRAS（サートラス))のウェブサイトに掲載していること。

　この規定に基づき法第37条第3項の適用を受けることのできる団体は，2020年11月2日現在，102あります。詳しくは，SARTRASウェブサイト内「視覚障害者等のための複製・公衆送信が認められる者の一覧」(https://sartras.or.jp/dai37jyo/)を参照してください。

　このほか，この法改正前に，文化庁長官の個別指定を受けた団体（前記①に掲げた要件を満たす団体）が61団体あり，引き続き同項を適用して録音図書の製作などを行うことができます。

⑷　何ができるのか

　次に，法第37条第3項で何ができるのかを説明します。

　同条では，「当該視覚著作物に係る文字を音声にすること
その他当該視覚障害者等が利用するために必要な方式により，
複製し，又は公衆送信を行うことができる」と定められていま
す。そこでこの項では，どういう方式で複製できるのか，
複製したものはどのように使えるのか，また「自動公衆送信」
や「公衆送信」とは何かについて，それぞれ詳しく説明しま
す。

①　複製の方式

　先に述べましたように，法第37条第3項では，複製の方式
について「当該視覚著作物に係る文字を音声にすることその
他当該視覚障害者等が利用するために必要な方式」と定めて
います。2009年の法改正前は「専ら視覚障害者向けの貸出し
の用若しくは自動公衆送信（中略）の用に供するために録音
し」と定められていて，方式については録音，すなわち，録
音図書の製作のみに限定されていました。それが改正後には
「文字を音声にすること」すなわち録音図書の製作のほか，「そ
の他当該視覚障害者等が利用するために必要な方式」と定め
られ，録音図書の製作以外の方式も視覚障害者等が利用する
ために必要なら行ってよい，ということになりました。

　それでは具体的にどういう方式が当てはまるのかですが，
国会答弁で「一律に決めるのではなくて，個々の障害の方た
ちの状況をみてそういったもの（引用者注：著作物の内容を理
解できる方式で変換された媒体）を発行する可能性を広くとら
えようとする趣旨」とされているように，視覚障害者等が情

報を認識できる方式であれば何でもよいようです。

　ただ，これだとわかりにくいということもあり「障害者サービス著作権ガイドライン」ではその第6項において，録音，拡大文字，テキストデータ等を列挙しています。こちらについては，3.3(3)を参照してください。

　なお，LLブックのようにリライトする（やさしく書きなおす）ことや，拡大図書を作る場合，大きさの関係で一部分を要約することもあるかと思います。また，外国の資料を日本語に翻訳し，それをもとにデイジー録音図書を製作することもあると思います。2009年法改正では，これらのことができるように，関係規定を改正しました（第47条の6第1項第5号）。

② 　複製したものはどのように使えるのか

　それでは，このように複製したものはどのように使えるのかについて説明します。

　2009年の法改正以前は，視覚障害者に無償で貸し出すことと，自動公衆送信をすること（後述）の2つしかできませんでした。

　その後の2009年法改正により，これらに加え貸出や自動公衆送信ができる対象者が拡大されるとともに（後述），複製したものを視覚障害者等にあげてしまうこともできるようになりました。これにより，いわゆる「プライベートサービス」を行ったり，対面朗読で録音したものを提供することについて，著作権者の許諾がいらないことが明確になりました。

　さらに，2018年の法改正では，自動公衆送信以外の公衆送信を行うことも可能となりました。ただ，この法改正後も点字データの製作・送信（2.1(4)参照）と同様に，放送と有線放

送には適用されないままです。

③ 「自動公衆送信」とは

　先に述べたように，2009年の法改正により，複製のほか自動公衆送信を行うことができるようになりました。この自動公衆送信という言葉は，1997年の著作権法改正の際に作られたもので，ネットワーク上から送信リクエストが来たときに自動的に送信するような送信方法をいいます。インターネットのサーバにアップロードされたデータを，不特定の人からのリクエストに応じてそのデータを送る場合が典型例です。「送信可能化」は，このアップロードのことをいいます。

　デイジーデータのような録音図書のデジタルデータを，このような形でインターネット上で提供することについては，すでに2006年法改正において導入されていました。それに引き続き，2009年法改正では録音図書以外のデジタルデータ，たとえばマルチメディアデイジーのデータなどを同じ形で提供することができるようになりました。現在，この条文を適用したインターネット上でのデータ提供サービスは，全国視覚障害者情報提供施設協会（全視情協）が運営する「サピエ図書館」や，国立国会図書館による「視覚障害者等用データ送信サービス」があります。

④ 「公衆送信」とは

　公衆送信という言葉も，あまり耳慣れないものかと思います。この言葉も1997年の法改正の際に作られたもので，ファクシミリや電話回線，インターネットなどによって著作物を公衆に向けて送信することをいいます（同じ建物内などの送信

等，若干の例外があります）。

このような概念ですから，放送や有線放送，③の自動公衆送信もこの公衆送信に含まれますが，②で述べたとおり，点字データの場合と同様，放送と有線放送は除外されています。

これにより，たとえば，音声データやテキストデータを電子メールで送信することや，オンラインにより対面朗読を行うことなどが可能となります。

⑤ 「複製」や「公衆送信」の対象となる著作物

それでは次に，複製や公衆送信を行う対象となる著作物について説明します。2009年法改正までは，公表されていればどんな著作物でもよかったのですが，2009年法改正により，次の2点の制約条件が新たに設けられました。

1) 「視覚著作物」であること

最初の制約条件は，視覚著作物であることです。視覚著作物とは，「視覚によりその表現が認識される方式（視覚及び他の知覚により認識される方式を含む。）により公衆に提供され，又は提示されているもの」と定義されています。文字や絵画，写真，動画などの視覚により表現が認識される方式で表示されているものだけでなく，音の出る本や布の絵本のように視覚以外の知覚，すなわち音の出る本は聴覚，布の絵本は触覚でも認識されますが，それらについても対象に含める，ということです。

このため，2009年法改正以前には対象に含められていた音楽CDやラジオ番組など，聴覚によりその表現が認識される方式によるものについては，2009年法改正以降は対象外とさ

れることとなりました。したがって，たとえば録音雑誌にBGMとして楽曲を加えたり，ラジオの演芸番組をそのまま収録するということはできません。

　なお，視覚著作物の複製については，原本を複製する場合だけでなく視覚著作物から製作された複製物をコピーする場合も含まれることとされていますので，他館から借り受けたデイジー図書をコピーして視覚障害者等に提供することは可能です。

　また，この視覚著作物については，複製等を行おうとする施設で所蔵している必要はありません。他の図書館からこの視覚著作物（原本）を借り受け，それを元に製作をしてもかまいません。

2）　同じ複製の形式のものが販売等されていないこと

　もう一つの制約条件は，同じ複製の形式のものが入手可能な状態で販売等されていないことです。これは，そもそもこのような形式で出版（バリアフリー出版）され市場で流通していることが本来の姿であるという考えから，バリアフリー出版を妨げないために同じ複製の形式のものが流通しているのであれば，そちらを利用してもらうようにするという目的で設けられたものです。

　ここで「流通」としたのは，著作権者そのものか著作権者から許諾を得た者など（録音図書，デイジー，大活字本，デジタルデータの出版社など）が，すでに同じ形式で販売する，無償頒布する，インターネットを通じて流すなどしていることをいいます。したがって，たとえばある小説を拡大版にして視覚障害者等のために製作して貸し出そうとする場合，同じ形式の大活字本がすでに流通していることがわかったときには

製作することはできません。

　ただ，どういう状態をもって同じ形式と考えるのか，どれくらい調べればよいのかなどについて具体的に記されていませんので，実務上困ったことになりかねません。それについては「障害者サービス著作権ガイドライン」の第9項（市販される資料との関係）において具体的に定められています。3.3(6)も参照してください。

⑸　誰に提供できるのか

　それでは，これらによって製作したものは誰に提供できるのでしょうか。点字の場合とは異なり，録音図書や拡大図書などは健常者でも便利に使えますので，提供できる人の範囲が限定されています。

　法第37条第3項では「専ら視覚障害者等で当該方式によつては当該視覚著作物を利用することが困難な者」と定められています。同項によれば，この視覚障害者等とは「視覚障害その他の障害により視覚による表現の認識が困難な者」と定められていますから，結局(i)視覚障害者，または(ii)視覚障害者以外の者で障害により視覚による表現の認識が困難な者であり，かつ，当該方式（視覚により表現が認識される方式）によっては視覚著作物を利用することが困難な者，ということになります。視覚障害者は，視覚により表現が認識される方式では視覚著作物を利用することが通常困難でしょうから，

a　視覚障害者
b　視覚障害以外の障害により視覚による表現の認識が困難であり，かつ，そのままの状態では視覚著作物を利用する

ことが困難な者

のいずれか，ということになります。2009年法改正以前は
aの者だけだったのですが，この法改正でbの者にも対象が
拡大されました。なお，2009年法改正の時点では，肢体不自
由者のような視覚以外の障害による場合が含まれていません
でしたが，2018年法改正の際にこれらの者が含まれることを
明文化しました。

　　ただ，aはまだしもbの判断については実務上難しいとこ
ろもあるということで「障害者サービス著作権ガイドライン」
の第4項（資料を利用できる者）と別表1において，障害種と
して視覚障害のほかに発達障害や学習障害，聴覚障害等を列
挙した上で「視覚著作物をそのままの方式では利用すること
が困難な者」と定義し，さらに第5項において，提供の際の
利用者登録の方法を定めています。こちらについては，3.3
(2)を参照してください。

2.3 著作権法第37条の2の内容と解説

(1) はじめに

　　著作権法第37条の2は，聴覚による表現の認識に障害の
ある人々が，音声から情報を得るようにするために必要とな
る表現の変換，すなわち手話や字幕を付けることについて，
著作権者の許諾なしに行うことを認めるための規定です。こ
の節では，この規定について説明します。

（聴覚障害者等のための複製等）

第 37 条の 2　聴覚障害者その他聴覚による表現の認識に
障害のある者（以下この条及び次条第 5 項において「聴
覚障害者等」という。）の福祉に関する事業を行う者で次
の各号に掲げる利用の区分に応じて政令で定めるものは，
公表された著作物であつて，聴覚によりその表現が認識
される方式（聴覚及び他の知覚により認識される方式を
含む。）により公衆に提供され，又は提示されているもの
（当該著作物以外の著作物で，当該著作物において複製
されているものその他当該著作物と一体として公衆に提
供され，又は提示されているものを含む。以下この条に
おいて「聴覚著作物」という。）について，専ら聴覚障害
者等で当該方式によつては当該聴覚著作物を利用するこ
とが困難な者の用に供するために必要と認められる限度
において，それぞれ当該各号に掲げる利用を行うことが
できる。ただし，当該聴覚著作物について，著作権者又
はその許諾を得た者若しくは第 79 条の出版権の設定を
受けた者により，当該聴覚障害者等が利用するために必
要な方式による公衆への提供又は提示が行われている場
合は，この限りでない。

一　当該聴覚著作物に係る音声について，これを文字に
すること その他当該聴覚障害者等が利用するために必
要な方式により，複製し，又は自動公衆送信（送信可
能化を含む。）を行うこと。

二　専ら当該聴覚障害者等向けの貸出しの用に供するた
め，複製すること（当該聴覚著作物に係る音声を文字
にすること その他当該聴覚障害者等が利用するために

26

必要な方式による当該音声の複製と併せて行うものに
限る。)。

(2)　この規定の意義

　第37条は，視覚による表現の認識に障害のある人向けに
著作物を何らかの形に変換することを認めたものですが，こ
の第37条の2は，聴覚による表現の認識に障害のある人向
けに著作物を何らかの形に変換することを認めるものです。

　聴覚による表現の認識に障害のある人向けの著作物の変換
を認める規定は，2000年の法改正で初めて設けられました。
このときは，聴覚障害者情報提供施設が聴覚障害者の字幕リ
アルタイム送信を著作権者の許諾なしに行えるようにするだ
けの，限定的な規定でした。それが，2009年の法改正では，

a　字幕や手話の形に変換し，それらを販売したり，インター
　ネットを通じて配信したりすること
b　映画やテレビ番組について，聴覚障害者等のために貸し
　出す目的により，字幕や手話を付けた形で全体を複製する
　こと

が認められました。

　この法改正により，aは聴覚障害者等のための情報提供施
設が著作権者の許諾なしで行うことができるようになりまし
たので，かなり利便性は向上したと思います。しかし，bは
貸出を行う場合には著作権者等に補償金を支払うことが条件
になっているにもかかわらず，補償金支払いの枠組みが整っ
ていませんので，事実上こちらの方は適用されない状況と

なっています。

　また，公共図書館や大学図書館などには a が適用されませんので，この本の多くの読者にはこの規定は事実上適用されないともいえます。このように，残念ながら現状では図書館等でこの規定を活用することはほぼできない状況にありますが，聴覚障害者等に対するサービスと著作権法との関係を理解してもらうために，その内容を以下で解説することとします。

(3)　著作権法第 37 条の 2 の構造

　法第 37 条の 2 は，法第 37 条第 3 項と一見構造が似ているように見えますが，利用方法ごとに行うことを認める施設・団体の範囲を変えているのが大きな特徴です。法第 37 条の2 では前項の a，b が認められています。しかし，a は 2000年の法改正前とほぼ同じ範囲，すなわち聴覚障害者等情報提供施設等に限定されています。一方，b は聴覚障害者等情報提供施設等のほか，大学図書館・公共図書館・学校図書館などにも製作を認めています。ただ，b は先に述べたとおり，製作した映像資料を貸し出すための補償金の支払いの枠組みが整っていませんので，規定が意味を持たない状況になっています。

(4)　誰に対するサービスのときに適用できるのか

　最初に，この法第 37 条の 2 が誰に対するサービスのときに適用できるのかについて説明します。

　これについて，同条では「聴覚障害者その他聴覚による表現の認識に障害のある者」と定めることにより，聴覚障害者

以外で聴覚による表現の認識に障害のある者についても，その対象に含めています。

　ただ，具体的にどのような人が対象者になるかは，法第37条第3項の場合のような解釈の指針となるべきガイドラインが存在しませんので，明確にはなっていません。とはいえ，聴覚障害者ではないものの何らかの理由で聴覚による表現の認識に支障があれば，すべて対象に含まれると考えてよいと思います。

⑸　誰が行えるのか

　次に，誰が行う場合に適用できるのかを見ていきます。それは，⑶でも少し触れましたが，認められる行為ごとに異なっています。

　「a　字幕や手話の形で変換し，それらを頒布したり，インターネットを通じて配信したりすること」は，視聴覚障害者情報提供施設だけに認められています。

　「b　映画やテレビ番組について，聴覚障害者等のために貸し出す目的により，字幕や手話を付けた形で全体を複製すること」については，視聴覚障害者情報提供施設に加え，大学図書館・公共図書館・学校図書館にも認められています。

⑹　何ができるのか

　次は，この規定によって何ができるのかについてです。これについては，先にも触れているように⑵のa，bができます。また，字幕の要約筆記のようにもともとの文を要約したり，外国語の文を日本語に翻訳したりすることも認められています（法第47条の6第1項第6号）。

ただ，前に述べたように， b は複製までは無償で行えるもの，それを貸し出すためには補償金の支払いを必要としていて（法第38条第5項），この補償金の支払いのための枠組みが整っていないことから，事実上意味を持たない規定になっています。

⑺　対象となる著作物

　この規定により利用する対象となる著作物は，「聴覚著作物」です。聴覚著作物とは「聴覚によりその表現が認識される方式（聴覚及び他の知覚により認識される方式を含む。）により公衆に提供され，又は提示されているもの」と定義されています。したがって，ラジオ番組や演説などのような聴覚のみで表現が認識される方式のほか，映画，テレビ番組のような，聴覚以外の知覚（主に視覚）が伴っているものも対象となります。

　なお，第37条第3項の場合と同じく，同じ形式のものが流通していないことが必要です。

2.4 そのほかの障害者関連条文とその解説

　この節では，そのほかの著作権法の条文のうちで，障害者サービスに関係が深いものについて説明します。

⑴　著作権法第30条第1項（私的使用のための複製）

（私的使用のための複製）
第30条　著作権の目的となつている著作物（以下この款

において単に「著作物」という。）は，個人的に又は家庭内その他これに準ずる限られた範囲内において使用すること（以下「私的使用」という。）を目的とするときは，次に掲げる場合を除き，その使用する者が複製することができる。（以下略）

　この規定は，自分や家族，親しい友人など，ごく限られた範囲の人だけが使うのであれば，その使う人自身（あるいは使う人の代わりにその手足となって行う人）が著作物を自由に複製することができる，というものです。

　この規定が適用される場面はとても多く，人が話しているのを録音する，絵画や写真等を撮影したりスケッチしたりする，ウェブサイトにアップロードされている動画や画像，文章をダウンロードしたりプリントアウトしたりする，書籍や雑誌をコピーしたりスキャニングしたりする，文章を筆写する，放送番組を録音したり録画したりするなど，あらゆる「複製」が対象となります。したがって，文章を読み上げた音声を録音することや，テキストデータ化すること，文字を拡大して複製することなども，すべて対象となります。

　また，複製のほか，翻訳や翻案などもできることになっています（法第47条の6第1項第1号）。

　これらの複製を「私的使用」，すなわち「個人的に又は家庭内その他これに準ずる限られた範囲内において使用すること（中略）を目的と」して行う場合には，著作権者の許諾なしに行うことができると定められています。

　この私的使用の範囲については，個人や家族のほか10人くらいまでが一つの趣味や活動を目的として集まっているご

く限られた少数のグループ，というように解釈されています。したがって，視覚障害者である家族のために録音図書や拡大図書，テキストデータなどを作成するような場合にも適用できます。その反面，作ったものをせっかくだからと他の視覚障害者に提供するとか，図書館に寄贈するというような場合には適用できません。

　そして，この規定を適用できるのは「その使用する者」が複製する場合とされています。ただ，必ずしも使用する者自身が実際に複製をする必要はなく，たとえばある会社の社長がその秘書に指示して複製をさせる場合のように，使用する者の手足となる役割を担っている人が複製する場合でも適用できます（手足論）。このため，2.2(2)で触れたように，ボランティア等が視覚障害者等の手足として録音図書や拡大図書などの製作を行う場合には，この規定が適用できることになるのです。ちなみに「プライベートサービス」という形で図書館などが行うサービスについては，この規定ではなく法第37条第3項を適用します。図書館は，視覚障害者の手足となる役割を果たしているのではなく，自らのサービスとして行っているからです。

　その一方，この規定は法第37条とは異なり製作の対象とする著作物の範囲については特に限定がありませんので，音楽や放送番組のような視覚著作物以外のものであっても対象とすることができます。このため，ボランティアが障害者等の依頼に基づきその手足として録音を行う場合には，そこに音楽や放送番組を加えても差し支えありません。

⑵　著作権法第33条の3（教科用拡大図書等の作成のための複製等）

> **（教科用拡大図書等の作成のための複製等）**
>
> 第33条の3　教科用図書に掲載された著作物は，視覚障害，発達障害その他の障害により教科用図書に掲載された著作物を使用することが困難な児童又は生徒の学習の用に供するため，当該教科用図書に用いられている文字，図形等の拡大その他の当該児童又は生徒が当該著作物を使用するために必要な方式により複製することができる。
>
> 2　前項の規定により複製する教科用の図書その他の複製物（点字により複製するものを除き，当該教科用図書に掲載された著作物の全部又は相当部分を複製するものに限る。以下この項において「教科用拡大図書等」という。）を作成しようとする者は，あらかじめ当該教科用図書を発行する者にその旨を通知するとともに，営利を目的として当該教科用拡大図書等を頒布する場合にあつては，第33条第2項に規定する補償金の額に準じて文化庁長官が定める算出方法により算出した額の補償金を当該著作物の著作権者に支払わなければならない。
>
> 3・4　（略）

　この規定は，小・中・高校の教科書（教科用図書）について，視覚障害や発達障害などのためにそのままでは使用することが困難な小・中・高校の児童・生徒の学習に用いるため，拡大図書等の製作を認めるというものです。

　この規定は法第37条第3項の場合とは異なり，誰がやっ

ても適用されますので，たとえば営利企業が作る場合であっても適用されます。また，拡大図書やデイジー図書などとして製作されたものが別途市販されていたとしても，同じものを作ることができます。

　その一方で，作ろうとする教科書の全部または相当部分について製作しようとする場合には，その教科書を発行した会社に対し拡大図書を製作することを通知し，営利目的で頒布する場合には補償金を支払わなければならないことになっています。

　このように，この規定は法第 37 条第 3 項よりも要件が厳しいため，同項の適用となっていないボランティアグループ等が拡大教科書を製作する場合などに適用するものと考えてください。

(3)　著作権法第 38 条第 1 項

> **（営利を目的としない上演等）**
> 第 38 条　公表された著作物は，営利を目的とせず，かつ，聴衆又は観衆から料金（いずれの名義をもつてするかを問わず，著作物の提供又は提示につき受ける対価をいう。以下この条において同じ。）を受けない場合には，公に上演し，演奏し，上映し，又は口述することができる。ただし，当該上演，演奏，上映又は口述について実演家又は口述を行う者に対し報酬が支払われる場合は，この限りでない。

　この規定は営利を目的とせず，聴衆や観衆から料金を徴収

していない場合について，対面朗読者などに報酬が払われていないときには，自由に上演，演奏，上映，そして口述を行うことを認めるというものです。対面朗読や，弱視の幼児のために絵本を拡大して読み聞かせをする場合など，さまざまな場面に活用できます。

　図書館で行う場合には営利を目的としませんので，この規定の適用が問題となるのは，①利用者から料金を受け取っているかどうか，②対面朗読者などに報酬を支払っているかどうか，の2点です。

① 「料金」について

　ここでいう料金とは「著作物の提供又は提示につき受ける対価」のことで，対面朗読を行う際に図書館が利用者から朗読料というものを徴収するような場合があてはまります。この料金が仮に実費相当分，たとえば会場費，機材費，人件費，光熱水費に充当するための金銭であったとしても料金に該当することになります。ただし，有料の対面朗読というものはほとんど事例がないと思います。

② 「報酬」について

　ここでいう報酬とは，対面朗読者に対価として支払われる金銭を意味しています。したがって，交通費や弁当代に相当する金銭は対価には当たりませんので，支払うことができます。また，対面朗読以外のサービスも一括して行う位置づけで雇用されているような場合に，その給与として支払われる場合も，対価として支払われるわけではないということから，その支払いは認められています。対面朗読を行う人に何らか

の金銭を支払う場合には，これらのことに注意が必要です。

　対面朗読者への報償費や賃金の支払いについて，この対面朗読に対する対価になるかどうかという論議もありました。しかし，対面朗読の報償費はいわゆる朗読だけではなく，図表・写真の説明や調査研究のための作業等，さまざまな活動全体に支払われるものです。また，実質的に，交通費や弁当代（実費相当額）程度のところも多く，問題としないことが賢明です。これを根拠に，対面朗読者に報償費や賃金を支払わないようなことがあってはなりません。　　　　　（南　亮一）

3章 「図書館の障害者サービスにおける著作権法第37条第3項に基づく著作物の複製等に関するガイドライン」の内容と解説

3.1 ガイドラインの意義

　「図書館の障害者サービスにおける著作権法第 37 条第 3 項に基づく著作物の複製等に関するガイドライン」（障害者サービス著作権ガイドライン）は，2010 年 2 月 18 日に初版が公表され，その後 2018 年の法改正に合わせた改訂版が 2019 年 11 月 1 日に出されています。

　このガイドラインは，図書館が著作権法第 37 条第 3 項に規定された権利制限に基づいて，視覚障害者等のために著作物の複製，公衆送信，譲渡等を行う際の取り扱い指針を示すことを目的としたものです。法律のわかりにくい点を具体化することにより，図書館が著作権法を活かして障害者等へのサービスを進展させるために必須なものとなっています。

　また，ガイドラインは図書館関係団体が独自に策定したものではなく，3.2 にある権利者団体との協議と合意を得て策定されたことに大きな意義があります。

　2004 年 4 月に，その権利者団体の一つである日本文藝家協会と日本図書館協会は，「障害者用音訳資料作成の一括許諾システム」の協定を結び，図書館の音訳資料作成に便宜を図っ

てきました。その協定で示した利用対象者は，実は2009年の改正法のそれよりも広く読書が困難な人を含めていたため，ガイドライン初版では権利者団体の了解を得て，それを踏襲しました。

その後，ガイドライン初版で広く利用対象者とした人々が，2019年1月1日施行の改正法で「視覚障害その他の障害により視覚による表現の認識が困難な者」として法制度上も位置づけられました。そこで，2019年のガイドラインの一部改定は，改正法に即した表現の修正が中心で，内容上の変更はあまりありません。また，ガイドライン初版にあった別表3を，「著作権法第37条第3項ただし書該当資料確認リスト」として日本図書館協会のサイト内に置き，随時修正して，最新のものを提示できるようにしました。これらの改定についても権利者団体の了解を得て行っています。

3.2 ガイドラインの策定者

ガイドラインは「図書館における著作物の利用に関する当事者協議会」に置かれた障害者サービスワーキングチームで協議を重ね，権利者団体の理解の下で策定されました。このワーキングチームの協議は，2009年の法改正より前から行っており，著作権者，出版社等の権利者団体と図書館関係団体とが，障害者への情報保障という観点で共通の認識を持った上で，具体的に何ができるか話し合ってきました。そのような中，ワーキングチームでの協議もまとめの時期に入ったところで，法第37条第3項の大幅な改正が決まりました。

そこで，ワーキングチームでは，著作権者の権利に留意し

つつ，図書館が法改正の目的を達成し，障害者等の便宜を図り，法の的確な運用を行うためのガイドラインが必要であると改めて確認し，それまでの経緯を踏まえて協議を進め，「障害者サービス著作権ガイドライン」(初版)が2010年2月にまとまりました。

その後，2018年に再び著作権法第37条第3項の一部が改正されたことを受け，当事者協議会の了解を得てガイドラインを改定したことは前述のとおりです。

3.3 ガイドラインの内容

ガイドラインは，「目的」，「経緯」，「本ガイドラインの対象となる図書館」，「資料を利用できる者」，「図書館が行う複製(等)の種類」，「図書館間協力」，「複製の品質」，「市販される資料との関係」，「ガイドラインの見直し」という10の見出しからなり，最後に別表が2つあります。「目的」，「経緯」については前項でふれましたので，ここでは「本ガイドラインの対象となる図書館」以降について，冒頭にガイドライン本文を掲載しながら説明します。

(1) 本ガイドラインの対象となる図書館

> 3 このガイドラインにおいて，図書館とは，著作権法施行令第2条第1項各号に定める図書館をいう。

著作権法施行令第2条第1項は，著作権法第37条第3項の視覚障害者等のための複製等が認められる者についての規定です。この第1号には図書館法に基づく図書館のほか，大

学図書館，国立国会図書館，学校図書館，そして身体障害者
福祉法で規定された視聴覚障害者情報提供施設（点字図書館
等），児童福祉法や老人福祉法，「障害者の日常生活及び社会
生活を総合的に支援するための法律」（障害者総合支援法）で
規定された福祉施設が記されています。また，第2号と第3
号には，第1号以外の法人などについて記されています。ガ
イドラインでは「図書館とは，著作権法施行令第2条第1項
各号に定める図書館をいう」としていますので，ガイドライ
ンの対象は，公立図書館，大学図書館，国立国会図書館，学
校図書館等のことで，福祉施設までは対象としていません。
視覚障害者情報提供施設（点字図書館）については，全国視覚
障害者情報提供施設協会がこのガイドラインに準じた独自の
「著作権法第37条第3項に基づく著作物の複製等に関するガ
イドライン」を制定・公表しています。

(2) 資料を利用できる者

> 4 著作権法第37条第3項により複製された資料（以下
> 「視覚障害者等用資料」という。）を利用できる「視覚障害
> 者等」とは，別表1に例示する状態にあって，視覚著作物
> をそのままの方式では利用することが困難な者をいう。
> 5 前項に該当する者が，図書館において視覚障害者等用
> 資料を利用しようとする場合は，一般の利用者登録とは
> 別の登録を行う。その際，図書館は別表2「利用登録確
> 認項目リスト」を用いて，前項に該当することについて
> 確認する。当該図書館に登録を行っていない者に対して
> は，図書館は視覚障害者等用資料を利用に供さない。

2009 年および 2018 年の法改正の大きな成果の一つが，製作した資料の利用対象者の拡大です。詳しくは 2.2 で解説していますが，ガイドラインでは，別表 1 として視覚障害，聴覚障害，肢体障害，精神障害，知的障害，内部障害，発達障害，学習障害，いわゆる「寝たきり」の状態，一過性の障害，入院患者という 11 の状態を例示し，かつその他図書館が認めた障害としました。これらの状態であって，かつ「視覚著作物をそのままの方式では利用することが困難な者」が利用の対象です。ここに例示した状態であっても，本を読むことに不便のない人もいます。当然ながらそういう人は対象外です。

　聴覚障害の場合，難聴幼児が言葉を獲得できるように，補聴器をつけて音声言語を聞く機会を作っています。また，聞こえない人の中には，漢字の読みや擬音語の理解が苦手な人がいます。知的障害の場合も漢字にふりがなを付けたり，ゆっくりと読み上げられる音声があると理解できる人がいます。精神疾患の状態では長時間活字を見ていると不安になったり苦しくなったりする人もいます。活字の色や紙の色に影響を受ける人もいるようです。学習障害は発達障害に含まれるものですが，わかりやすさのために学習障害も例示しました。ディスレクシアなど，読みの障害については図書館界でも広く認識されるようになってきたのではないかと思います。

　法改正前の日本文藝家協会と日本図書館協会との間で結ばれていた「障害者用音訳資料作成の一括許諾システム」の協定における「障害者用音訳資料利用ガイドライン」では，この障害者用音訳資料を利用できる者として，身体障害者手帳の交付を受けた障害者程度等級表の 1 級から 2 級までに該当する重度身体障害者，寝たきり高齢者などが含まれていまし

た。改正された法律により図書館サービスの後退があっては
なりませんので，ガイドライン（初版）の時点においても，肢
体障害やいわゆる「寝たきり」の状態というものを加えまし
た。

　身体障害の場合，障害固定後の認定が原則とされているた
め，見えない状態にあっても一過性の状態や固定化が認めら
れない場合は障害認定されません。医師から目を使うことを
控えるように言われることもあるでしょう。ガイドラインで
は，こうしたことも考慮して例示しました。例示からは漏れ
ましたが，脳血管障害や交通事故などで脳損傷に起因する高
次脳機能障害の場合にも，失読症などの認知の障害で読書が
困難になることがあります。要は，本人が図書館資料（視覚
著作物）を利用したい，図書館資料を使って情報を得たいと
思っているにもかかわらず，病気や障害のためにその資料へ
のアクセスが困難になっている場合，図書館として何ができ
るか考え，その人が読める形式に変換することで対応できる
ならガイドラインの対象者です。

　それでも，法第37条第3項で製作した資料を利用できる
人として図書館が責任を持って判断する根拠は必要です。ガ
イドライン第5項では，図書館の一般の利用登録とは別に登
録を行うことを条件にしています。そして，その登録の際の
判断の参考にできるよう，別表2「利用登録確認項目リスト」
による確認を盛り込みました。

　初めて障害者サービス用資料を利用しようという登録のと
きは，利用者と図書館の最初の出会いであり，とてもデリケー
トな瞬間です。図書館を利用できるのだろうかという不安の
中で，一般の登録なら住所・氏名等の記載だけでよいのに，

自分のことをよく知らない図書館職員に説明しなければならないということで、利用者はかなり緊張しています。そうした利用者の気持ちに配慮した対応が必要です。活字の本などをそのままでは利用できないという状態を確認した上で、まず障害者手帳や精神保健福祉手帳や療育手帳を持っているかどうか聞き、その記載事項をたずねます。中途障害の場合、障害者手帳の取得は「障害者」と認定されることへの抵抗感等の心理的な面から取得しない人もいます。なお、ガイドラインに基づくサービスの利用に障害者手帳等の所持は必須条件とはなりません。図書館職員はこのことを踏まえて、「差し支えなければ参考のために見せていただけませんか」とたずねるとよいでしょう。手帳を持っていれば、住所や氏名の確認もできるので、本人に了解を得て登録事項の代筆ができます。身体障害者手帳の場合、等級とガイドライン別表2の欄外にある「身体障害者手帳における障害の種類」の各障害名が書かれているはずです。精神保健福祉手帳は精神疾患のほか発達障害や高次脳機能障害でも交付されますが、取得しているのはまだ一部の人です。療育手帳は知的障害児・者に交付されるもので、自治体によっては愛護手帳、愛の手帳、みどりの手帳という名称が使われています。発達障害の場合、知的障害を伴えば療育手帳が交付されますが、自治体により交付基準は異なっています。

　これらの手帳がない場合は本人からの申し出によることになりますが、医療機関や学校、職場、行政発行の文書があればそのことを記録しておきます。登録受付の客観的な根拠となります。文書等がないときは、読むことに関して日常的に受けているサービスがあるかどうかをたずねて記録しておき

ます。ガイドライン別表 2「利用登録確認項目リスト」の後半にある項目は，図書館職員との面談の中でわかることかと思います。本人が読書に関して具体的にどんなことに困っているのかを記録して，登録後のサービスで配慮することとします。

(3) 図書館が行う複製（等）の種類

6　著作権法第 37 条第 3 項にいう「当該視覚障害者等が利用するために必要な方式」とは，次に掲げる方式等，視覚障害者等が利用しようとする当該視覚著作物にアクセスすることを保障する方式をいう。
　　録音，拡大文字，テキストデータ，マルチメディアデイジー，布の絵本，触図・触地図，ピクトグラム，リライト（録音に伴うもの，拡大に伴うもの），各種コード化（SP コードなど），映像資料のサウンドを映像の音声解説とともに録音すること等

　2009 年の法改正の大きな成果のもう一つが複製の方式です。改正前は点字と視覚障害者のための録音のみでした。法改正により「必要と認められる限度において，当該視覚著作物に係る文字を音声にすることその他当該視覚障害者等が利用するために必要な方式により」となりました。複製方式は，技術の進化や利用者からの希望により変化していくものですが，ガイドラインでは現時点で考えられる方式を例示しています。原資料はあくまでも公表された視覚著作物で，それをそのままでは利用できない利用者のために，その人が利用できるようにすることが目的です。ガイドラインに示したもの

は「等」としていますので，あくまでも例示です。テキスト
デイジーとか，色分けしたグラフ部分を色覚障害のある利用
者の苦手さに配慮した色に変えたりコメントを加えたりとい
うこともあるでしょう。

⑷ 図書館間協力

> 7　視覚障害者等のための複製（等）が重複することのむ
> だを省くため，視覚障害者等用資料の図書館間の相互貸
> 借は積極的に行われるものとする。また，それを円滑に
> 行うための体制の整備を図る。

　障害者サービス用資料の製作には時間と労力がかかります。
すでにどこかで製作されたものがあるなら，それを取り寄せ，
できるだけ早く利用者に提供したいものです。録音図書やテ
キストデイジーなどは「サピエ図書館」や「国立国会図書館
サーチ」などで所在を検索できます。デイジーデータであれ
ばダウンロードして提供できるので，より早く利用者のニー
ズに応えられます。デイジーデータはあるけれど，利用者が
デイジー再生機を持っていないというとき，図書館からデイ
ジー再生機をあわせて貸出できれば，その他の方式による製
作を検討せずに済みます。図書館間協力のための体制の整備
には，サピエ加入や，障害者サービス職員研修会へ参加して
他館職員との連携を強化するなど，さまざまな方法がありま
す。

　また，マルチメディアデイジーの製作販売も少しずつ増え
てきました。下記のサイトも参考にしてください。

　なお，購入した資料でも，著作権法第 37 条第 3 項で製作さ

れたものについては，図書館で製作した資料と同じような利用が可能です。

日本障害者リハビリテーション協会情報センター
　http://www.dinf.ne.jp/doc/daisy/book/index.html
　　TEL：03-5273-0796　　FAX：03-5273-0615
上記以外のマルチメディアデイジー提供団体の紹介
　http://www.dinf.ne.jp/doc/daisy/book/mmdaisyall.html

⑸　複製の品質

8　図書館は第6項に示す複製（等）の質の向上に努める。そのために図書館は担当者の研修を行い，技術水準の維持を確保する。図書館団体は，研修に関して積極的に支援する。

　前項の図書館間協力の前提になるのが資料の質の確保です。著作物に対して敬意を払いながら，利用者に対してきちんと資料を提供するために，質の高い資料製作が求められます。録音資料であれば，「録音（デイジー）資料製作に関する全国基準」に則って製作する必要があります。

⑹　市販される資料との関係

9　著作権法第37条第3項ただし書に関して，図書館は次のように取り扱う。
　⑴　市販されるもので，次のa）〜d）に示すものは，著作権法第37条第3項ただし書に該当しないものとす

る。

  a) 当該視覚著作物の一部分を提供するもの

  b) 録音資料において，朗読する者が演劇のように読ん
     だり，個々の独特の表現方法で読んでいるもの

  c) 利用者の要求がデイジー形式の場合，それ以外の方
     式によるもの

  d) インターネットのみでの販売などで，視覚障害者等
     が入手しにくい状態にあるもの（ただし，当面の間
     に限る。また，図書館が入手し障害者等に提供でき
     るものはこの限りでない。）

⑵　図書館は，第6項に示す複製（等）を行おうとする
　方式と同様の方式による市販資料の存在を確認するた
　め，別に定める「著作権法第37条第3項ただし書該当
　資料確認リスト」を参照する。当該方式によるオンデ
　マンド出版もこれに含む。なお，個々の情報について
　は，以下に例示するように具体的にどのような配慮が
　なされているかが示されていることを要件とする。

　　また，販売予定（販売日を示したもの）も同様に扱う。
　（資料種別と具体的配慮内容）

　　　例：音声デイジー，マルチメディアデイジー（収録
　　　　　データ形式），大活字図書（字体とポイント数），
　　　　　テキストデータ，触ってわかる絵本，リライト

⑶　前記⑵の「著作権法第37条第3項ただし書該当資
　料確認リスト」は日本図書館協会のサイト内に置く。
　日本図書館協会は，その情報を適時確認し更新を行う。
　出版社などが新たに販売を開始した場合は日本図書館
　協会に連絡することにより，このリストに掲載するこ

とができる。

(4)　前記(2)の販売予定の場合，販売予告提示からその販売予定日が 1 か月以内までのものを「提供または提示された資料」として扱う。ただし，予定販売日を 1 か月超えても販売されていない場合は，図書館は第 6 項に示す複製（等）を開始することができる。

(5)　図書館が視覚障害者等用資料の複製（等）を開始した後に販売情報が出された場合であっても，図書館は引き続き当該複製（等）を継続し，かつ複製物の提供を行うことができる。ただし，公衆送信は中止する。

　2009 年の法改正で新たに加わったもので，以前より厳しい条件となったものが，第 37 条第 3 項条文の最後に付された「ただし書」です。その内容は，同じ形式のものが販売等されている場合は製作できないというもので，障害者も使える出版物の発行を阻害しないためであると考えられます。ただ，現場ではその運用に悩むことも想像されますので，上記のような細かい内容となりました。

　オーディオ CD として市販されている文芸作品は，障害のあるなしにかかわらず愛好する人も多いものです。しかし，それらの多くは俳優等の解釈を加えて朗読（声による演出）したり，作品の抜粋であったりします。

　障害者サービス用録音資料は，活字の原本に忠実に文字や図表を音声化し，通常の読書にできるだけ近い形で利用できるように製作しています。そのため，ガイドラインの a)，b) のようなものは「ただし書」には該当しないとしました。また，利用者の希望がデイジー形式の場合は，デイジーで市販

されていない限り，製作できるとしました。また，インターネットからのダウンロード販売も，現状でまだまだ視覚障害者等にとってはアクセスしにくいものがほとんどですから，これも「ただし書」には該当しないこととしました。ただ，図書館がダウンロードしてCD等のメディアで障害者への貸出を認めるものがあるときには，図書館が購入し提供することとし，権利制限によって製作することはできません。

　図書館が，同じ形式の資料が市販されているかどうかを探すことはなかなか難しいものです。そこで，CD等での録音出版，テキストデータを提供している出版情報サイト等を「著作権法第37条第3項ただし書該当資料確認リスト」としてまとめ，日本図書館協会のサイト内に置きました。ここに記したサイト等で検索した上で，同じものが販売されていないことを確認してから製作を検討してください。㈱音訳サービスJはメールマガジンを出して製作予定図書等の案内をしていますので，こうしたメルマガも活用してください。

　なお，障害者サービス用資料の製作には，多くの日数を要します。そのため，製作に取りかかった後に市販のものが出てしまうということもあります。市販された，あるいは市販されることがわかってから製作を開始することはできませんが，製作し始めた後に市販されることがわかった場合は完成させ，貸出等の利用者への提供は認められます。しかし，ネット配信やメール送信などはできなくなりますので，市販のものが出たときには登録している「サピエ図書館」や「国立国会図書館サーチ」からコンテンツデータを削除する手続きをしてください。　　　　　　　　　　　　　　　　（梅田ひろみ）

4章 障害者サービスに関する著作権Q&A

　このQ&Aは，著作権法第37条第3項に基づいた視覚障害者等へのサービスについて，具体的な疑問点とその回答をまとめたものです。

　著作権法条文のほか，著作権法施行令第2条と，「図書館の障害者サービスにおける著作権法第37条第3項に基づく著作物の複製等に関するガイドライン」（「障害者サービス著作権ガイドライン」，以下，この章では「ガイドライン」とします）を根拠としています。必要により，それぞれの条文も合わせてご覧ください（以下，「著作権法」は「法」と略します）。

4.1 全般的なこと

Q1　ガイドラインやこのQ&Aの対象となる「図書館」は，具体的に何を指していますか？
A　ガイドラインでは，3で「このガイドラインにおいて，図書館とは，著作権法施行令第2条第1項各号に定める図書館をいう」となっています。具体的には，大学図書館，公立図書館，国立国会図書館，学校図書館等です。

Q2　上記の図書館以外には，どのようなところが対象ですか？

A　2009 年の法改正では，政令（施行令第 2 条）で，Q1 で挙げた図書館等のほか，

(1)　視聴覚障害者情報提供施設（点字図書館等）

(2)　障害者・児童・高齢者養護施設等の福祉施設

(3)　文化庁長官が個別に指定する者

　　2018 年の法改正を受けて発表された施行令で，

(4)　視覚障害者等のために情報を提供する事業を行う法人で一定の要件を満たすもの（法人には法人格を有しないボランティアグループ等を含みます）

が加わりました。一定の要件については施行令を参照してください。

Q3　2009 年，2018 年の法改正のポイントを教えてください。

A　2009 年の法改正は，障害を持つ人が情報にアクセスすることへの保障という意味で大変大きな意義がありました。特に，図書館が障害者に情報提供を行う中心施設の一つになったことに注目すべきです。主なポイントは以下のとおりです。

(1)　対象となる「障害者が視覚による表現の認識に障害のある者（視覚障害者等）」に大幅拡大されました。

(2)　個々の障害者が必要とするさまざまな形式の資料の製作が可能となりました。

(3)　資料の製作や提供ができる施設として，従来の視聴覚障害者情報提供施設，特別支援学校等のほかに，大学図書館，公共図書館，学校図書館等が加わりました。

(4)　製作した資料やそのデータは，貸出のほか，自動公衆送信（インターネット配信）や譲渡して提供できるようになりました。

ただし，

(5) 同じものが障害者が使える形式で販売等されている場合は，製作できなくなりました。

2018 年の法改正では，

〈1〉 対象が「視覚障害その他の障害により視覚による表現の認識が困難な者（視覚障害者等）」となり，視覚障害者以外の人に対するサービスの根拠がより明確になりました。特に，肢体不自由等の理由で物理的に本が利用できない人が含まれることが明らかになっています。

〈2〉 自動公衆送信に加えて公衆送信が認められ，デイジーデータ等を，電子メールで個別の利用者に送信できるようになりました。

〈3〉 資料の製作等ができる主体に一定の要件を満たしたボランティアグループが加わりました。

と，さらに進展しました。

Q4 図書館は具体的にどのようなことができるのですか？
A 次のようなことができます。

(1) 著作権者に無許諾で障害者サービス用資料の製作ができます。製作できる資料は，点字・録音・拡大文字資料，テキストデータ，マルチメディアデイジー，布の絵本等です（ガイドラインで例示）。

(2) 資料の提供方法として，貸出，公衆送信（インターネット配信，メール送信），譲渡ができます（譲渡については法第 47 条の 7 で規定）。

(3) 製作した資料は，他の施設や図書館が製作したものを含めて，コピーしたり，ダウンロードしたものをコピーして

提供できます。

4.2 対象となる利用者について

Q5 対象となる利用者をもう少し詳しく教えてください。
A 法では「視覚障害その他の障害により視覚による表現の認識が困難な者」（以下，視覚障害者等）と書かれています。具体的には，視覚障害者，高齢で目の不自由な人，知的障害者，精神障害者，学習障害者等の発達障害者，いわゆる寝たきりの人，入院患者等が含まれます。そのほかにも実際に視覚著作物を目で読むことができない人が含まれます。詳しくはガイドラインの別表1および別表2を参考にしてください。

Q6 障害者手帳を持っていなくてもよいですか？
A 障害者手帳の有無は関係ありません。

Q7 「視覚障害その他の障害により視覚による表現の認識が困難な者」を，誰がどのように判断するのですか？
A 図書館職員が，「視覚障害者等」に該当するかどうかを判断する必要があります。ガイドラインでは，判断のための登録要件を示しています。別表1を参考に別表2のいずれかに該当する場合は利用登録ができます。

Q8 ガイドラインでは障害者の特別な登録が必要であることが書かれています。一般の登録と同じ登録のしかたではいけませんか？
A 図書館利用の登録に障害の有無は関係ありません。ただ

し，法第37条第3項で製作された資料を利用してもらうためには「視覚障害その他の障害により視覚による表現の認識が困難な者」であるかどうかを判断する必要があります。大切なことは，製作された障害者サービス用資料が「視覚障害者等」しか利用できないようになっているかどうかということです。自館で「障害者サービスの利用者」として区別がつくかどうかを基準に登録のしかたを決めてください。また，図書館としては，その利用者にどのようなサービスや支援が必要であるかを考えるためにも，障害の状況を把握しておくことが必要です。

Q9 入院患者へのサービスで，患者個々人の登録ではなく，病院の施設名で登録して行っています。それではいけませんか？

A Q8のように，図書館は個々の障害に応じて登録や具体的サービスを行わなければなりません。また，病院への団体貸出という形をとる場合でも，障害者サービス用資料が利用できるのは「視覚障害者等」に限られます。病院図書館は政令で指定された施設ではありませんので，自ら「視覚障害者等」を判断し登録することはできません。ただ，図書館に登録した利用者に，病院図書館を中継点として資料を貸し出すことは可能でしょう。

4.3 過去に許諾を得て製作した録音資料等について

Q10 2009年以前に，図書館が著作権者の許諾を得て製作した録音図書等を，法改正後新しく対象となった利用者に提供

してもよいですか？

A　以前に視覚障害者を対象に許諾を得て製作した録音図書を，新たな利用者にそのまま提供することはできません。ただし，過去の音源を使って新たに音声デイジー等を製作することはできますので，作り直したものを提供してください。

Q11　2009年12月31日以前に製作した資料には，「この資料は著作権者の了承を得て作成しています」とか「この資料の複製，又貸しはご遠慮ください」などのアナウンスを入れていましたが，Q10のAのように複製（製作）する際には削除しないといけませんか？

A　法律的にはコメントの削除や挿入の義務はありません。ただし，利用者が混乱したり，「これは私が使ってはいけない資料なのでは」と誤解することも考えられます。できる限り修正することをお勧めします。Q14の回答も参考にしてください。

Q12　過去に作ったテープ図書をデイジーにするときに，アナウンスはどうしたらよいですか？

A　製作年をデイジー製作の時点にしてください。Q14の回答も参考にしてください。

4.4 これから製作する資料について

Q13　無許諾で製作できる資料にはどのようなものがありますか？

A　法第37条第3項では「当該視覚障害者等が利用するため

に必要な方式により」とあります。これは資料の種類を限定しないものと理解されます。具体的には、点字のほかに録音、拡大文字、テキストデータ、マルチメディアデイジー、布の絵本等があげられます（ガイドラインに例示があります）。

Q14 「著作権法第37条第3項に基づいて作成しました。又貸しや複製はご遠慮ください」といったアナウンスは入れたほうがよいですか？　著作権や製作館に関するアナウンスの例があれば教えてください。

A 図書館には、製作した資料が視覚障害者等以外に使われることがないよう留意することが求められています。資料の冒頭に、著作権法により製作されていることや、法律でいう視覚障害者等のためのものであることを示すのがよいと思います。ただ、あまりに丁寧な長い説明は必要ありません。

　例　「この資料は著作権法に基づき、障害や高齢等の理由
　　　で通常の活字による読書が困難な人のために、○○図書
　　　館が製作したものです。」

Q15 外国人著者のものを製作してもよいですか？

A 問題ありません。著作権に関する条約（ベルヌ条約）により、外国人著者の著作物であっても、原則としてその著作物を使う国の著作権法が適用されることになっているからです。念のため、条約加盟国かどうかは確認してください。

Q16 以前、著者から「作ってはだめ」と言われたものがあります。製作してもよいでしょうか？

A 製作できます。著者の権利自体が制限されているので、

そのような主張には効力がありません。

Q17 デイジー資料を1枚の CD にマルチタイトルにまとめてほしいと要望されましたが，あちこちの所蔵のものを図書館でマルチタイトルに録音してかまいませんか？

A 法律的には問題ありません。利用者がマルチタイトルでの複製と譲渡を希望している場合は，検討してください。1枚の SD カードに多くのデイジーを複製して提供するケースも出てきています。

Q18 相互貸借で他の公共図書館や点字図書館が作ったものを，コピーして蔵書にしてもよいですか？ その場合，製作館のコメント等はどうすればよいですか？

A 法律的には可能です。なお，これらの資料は，図書館等でいつでも借り受けやダウンロードしたもののコピーができますので，複製により蔵書を増やすことにそれほどの意味はありません。利用者には，全国でどのような資料があるかを案内しましょう。複製した資料には，所蔵館名（自館）と製作館名が書かれているとよいです。

Q19 他館で製作したテープ図書を音声デイジー図書に変換して提供してもよいですか？

A 利用者がデイジーを希望している場合は製作できます。ただし，特に蔵書とする場合は，Q18 の点にも注意してください。

Q20 録音雑誌やベストセラーのように利用が多いものにつ

いては，一度に複数枚コピーしてもよいですか？

A 録音雑誌やベストセラーのように一度に複数からの依頼がある場合は，必要数をコピーして提供することができます。

Q21 ボランティアなどが寄贈してくれた録音資料を，図書館資料として受け入れしてもよいのですか？

A ボランティア団体が，施行令による文化庁長官の指定するもの，または文化庁長官が定めるウェブサイトに登録した団体であれば問題ありません。それ以外の場合は，事前に図書館とボランティアグループで相談し，図書館から資料製作を依頼するのが基本です。図書館と連携してボランティア等が製作した資料が，図書館を基点として全国に貸し出されることに大きな意味があります。なお，資料の質については図書館が責任を持てるものであることに留意してください。

4.5 利用者が使える形で資料が販売されている場合の対応について

Q22 該当資料が販売されているかどうかをどのように調べればよいですか？

A 「著作権法第 37 条第 3 項ただし書該当資料確認リスト」に，確認しなくてはならない資料販売業者のサイト・連絡先等をまとめて案内しています。日本図書館協会がこのリストを維持・更新しています。これらのサイトを調べて該当するものがなければ製作できます。その資料の形態や文字の大きさ等が，利用者が使えるものかどうかに注意してください。

「著作権法第 37 条第 3 項ただし書該当資料確認リスト」は

日本図書館協会の障害者サービス委員会および著作権委員会のサイトにあります。

https://www.jla.or.jp/library/gudeline/tabid/859/Default.aspx

Q23 市販のものが抜粋版の場合，図書館で完全版を製作してもよいですか？

A 製作できます。ガイドラインも参照してください。

Q24 市販のものはカセットテープです。デイジー版なら作成してもよいですか？ また，音源に市販のものを使ってもよいのでしょうか？

A 同じものがカセットテープ等で販売されていてもデイジー版が必要であれば，利用者のニーズに応えられないので，新たに音訳し製作することになります（ガイドライン9を参照してください）。

市販されているものを音源として使用するためには，販売元の承諾が必要となります。

Q25 市販されている大活字本はあるのですが，もっと大きくと要望されています。作成してもかまいませんか？

A その利用者がより大きな文字でないと利用できないということであれば，製作できます。製作できる資料はあくまでも個々の利用者のニーズによります。

Q26 市販されているものがなかったので資料を製作しました。その後，同じものが販売されることとなりました。貸出を中止しなくてはなりませんか？

A　すでに資料を製作していて，または製作途中で，その後同じものが販売されるようになった場合，その資料の保存・提供には何の問題もありません。法は複製等ができる条件を示していてすでに所蔵しているものの取り扱いを定めたものではないからです。

　ただし，公衆送信はできなくなります。送信の時点で複製されることとなりますので，「ただし書」に該当します。サピエや国立国会図書館に登録している場合は，所蔵情報はそのままでコンテンツデータは取り下げてください。

Q27　市販の録音資料のデータをインターネット配信してもよいですか？　メール送信はどうですか？　コピーを譲渡してもよいですか？

A　市販の資料についてはインターネット配信やメール送信，資料の半分以上を複製したものの譲渡はできません。これらが自由にできるのは，あくまでも法第 37 条第 3 項で製作した資料だけです。ただし，コピーの譲渡については，市販資料であっても第 31 条第 1 項第 1 号の範囲内で行えます。

Q28　以前のように著作権者の許諾をとって製作してもよいですか？

A　許諾による製作はできますが，お勧めできません。この場合 2 つのケースが考えられます。それは，①本来無許諾で製作できるものなのに依頼する場合と，②市販等されていて無許諾で同じものを製作できないため，の 2 つです。

　①は本来不要なことですので，行わないほうがよいでしょう。

②のケースでは，許諾の意味するところは「障害者のための製作」ではなく，「販売されているのは知っているけれども（購入できないので）製作させてほしい」ということになります。著作権者は販売されていることを知っているものと思われますから，断られることもあるでしょう。法律の趣旨からは，図書館は販売されているものを積極的に購入して提供したいところです。

4.6 サービス方法について

Q29 資料を利用者にあげてもよい，と聞きましたが，CDなどのメディア代をもらってもよいですか？
A 実費の徴収やメディアの提供を受けることについて，法律上の問題はありません。

Q30 利用者からデータだけほしいと言われました。点字データや音声データを，ネット上にアップしたりメールの添付ファイルで送ってもかまいませんか？
A 個人宛メールの添付も，パスワード管理等により利用者を特定した環境でのインターネットによる配信も可能です。点字データはどなたでもご利用になれます。音声データは「視覚障害者等」のみが利用できるようにした上で，インターネット配信・個人のメールへの添付ができます。

Q31 資料のダウンロードができると聞きましたが，図書館のパソコンではダウンロードはしてはいけないことになっています。どうしたらよいですか？

A　法では障害を持つ利用者への提供のためのダウンロード，コピーは可能です。ご質問の部分は図書館の規定の問題ですので，個々の図書館で判断し検討してください。

Q32　資料のデータを，利用者から預かったディスクやメモリーカード，USB などの記録メディアにコピーして渡してもかまいませんか？
A　第 37 条第 3 項で製作された資料データを，利用者が所有するメディアに複製して渡す（譲渡する）ことは法律的には問題ありません。ただし，各図書館の管理規定に留意が必要です。また，持ち込みの記録メディアを図書館のパソコン等で使用するときはウイルスに気をつけてください。

Q33　利用者から貸出した録音図書の複製をほしいと言われました。著作権法では違法にならないことは知っていますが，機器や業務量的に無理と思われます。図書館サービスとして，複製の提供を断ることはできるでしょうか？
A　質問にあるように，複製は法律的には問題ありません。法律とは別の話として，具体的にどのようなサービスを行う・行わないは各図書館で決めてください。また，一方的に断るのではなく，利用者と相談して代替手段を提案するなど，納得してもらえるような努力は必要です。

Q34　利用者が，図書館が所有するスキャナや OCR ソフト等を使って，全ページのテキストデータを製作してもよいのですか？
A　図書館が利用者からそのような依頼を受け，テキスト

データでの提供が必要な方式であると判断した場合，法第37条第3項で図書館職員またはその指示を受けたものが複製物を製作し提供することができます。また，第31条のコピーと同様に，その複製を図書館の管理下で利用者自身が行うこともできます。

Q35　弱視や高齢で目の不自由な人の依頼により，資料全部を拡大コピーしてもかまいませんか？　この場合，コピー代金はどうなるのですか？
A　法第37条第3項で可能です。コピー代金については図書館の規則によります（著作権法の問題ではありません）。

4.7 その他著作権について，よく聞かれる事項

Q36　点字の本を晴眼者に貸してもかまいませんか？
A　問題ありません。

Q37　対面朗読を録音してもよいですか？
A　問題ありません。法第37条第3項により行えます。

Q38　晴眼の図書館職員や図書館協力者が録音資料を聞いてもよいのですか？
A　自館資料の製作，利用者への提供，研修会等で必要な範囲内であれば問題ありません。それ以外の利用は認められませんので，個人的に聞いてみたいというような場合は，著作権の保護期間の切れた資料を使用してください。

Q39 製作中の音声データを図書館と音訳者等でやり取りする場合，メール等でファイル送信してよいですか？

A 資料製作に必要な範囲内であれば可能です。

（返田　玲子・新山　順子）

5章 障害者サービスの現状

5.1 障害者の権利条約と図書館

　2014年1月，日本は「障害者の権利に関する条約」（障害者権利条約）の141番目の批准国となり，法律をもって障害者の権利を保障することになりました。この条約の批准に先立って，障害者基本法の改正（2011年），障害者総合支援法（2012年）および「障害を理由とする差別の解消の推進に関する法律」（障害者差別解消法）の成立（2013年）とともに，図書館の障害者サービスにかかわりの深い著作権法の抜本的な改正も2009年6月に行われるなど，多くの法律と制度が見直され，障害者権利条約批准に必要な条件整備が行われてきました。

(1) 合理的配慮
　図書館がすべての利用者へのサービスの向上に努めるのは当たり前のことですが，障害者差別解消法によって，すべての公立図書館は障害の有無で利用者を差別しない法的な義務を負っています。具体的には，国と地方自治体は，この法律の規定に従って2016年4月1日から合理的配慮の提供が義務づけられました。合理的配慮を提供しない場合には障害者に差別的な取扱いをしたことになり，法律違反としての責任が問われます。また，民間事業者にも合理的配慮を提供する

努力を行う義務が課せられています。

　合理的配慮は，障害者権利条約第2条で次のように定義されています。

　　「合理的配慮」とは，障害者が他の者との平等を基礎として全ての人権及び基本的自由を享有し，又は行使することを確保するための必要かつ適当な変更及び調整であって，特定の場合において必要とされるものであり，かつ，均衡を失した又は過度の負担を課さないものをいう。

(2)　「必要かつ適当な変更及び調整」

　すべての図書館サービスが，障害のある人も含むすべての人に平等に提供されるために，障害に応じた「変更及び調整」が必要になる場合があります。国と自治体が設置する図書館には，この必要な「変更及び調整」を行うことが義務づけられたのです。具体的には，「図書館の障害者サービスにおける著作権法第37条第3項に基づく著作物の複製等に関するガイドライン」（障害者サービス著作権ガイドライン）で示されている，障害のために蔵書を読むことが困難な利用者の求めに応じて，点字やデイジーなどの，その利用者が読める形式の複製物を提供することが，必要な「変更及び調整」です。ただし，「均衡を失した又は過度の負担」は課せられていませんから，出版直後の図書のデイジー版の提供を求められた場合に，製作に必要な期間中利用を待ってもらうことは，障害者差別解消法が禁止する「合理的配慮の不提供」にはあたりません。

　ただし，出版者が国または自治体であればアクセス可能な出版物を提供することは出版者に義務づけられていますし，

民間の出版社にもアクセス可能な出版物を提供する努力義務が課せられています。

(3) 障害のある利用者との連携

　障害者差別解消法の実施にあたって，図書館と障害のある利用者が対立すると考えるのは正しくありません。合理的配慮の提供が常に簡単にできるわけではありませんが，さまざまな障害のある利用者と図書館が積極的に向き合い，必要な「変更及び調整」をどのように実現するかについて率直かつ十分に話し合って合意を形成することが重要です。その際，合理的配慮の提供を全館的な課題としてとらえることが必須です。また，著作権法第37条が著作物の複製のほかに譲渡と公衆送信を図書館に認めていることに着目して，地域，館種を越えた図書館のネットワークを生かした連携プレーで合理的配慮の効率的な提供を実現する態勢が特に求められます。

　障害者権利条約は，障害のある人にもアクセス可能な出版のユニバーサルデザインを推進することによって，障害のある人が出版と同時に利用できるようにするための基盤整備を国と出版界にも求めています。　　　　　　　　　　（河村　宏）

5.2 サービス拡充を行うための具体的な課題

　2度の著作権法改正を受けて，図書館では，(1)利用対象者の拡大，(2)製作する資料形式の拡大，(3)提供方法の拡大等のサービス充実に取り組むことになります。ところが，実際に行おうとすると次のような課題が見えてきます。

⑴　利用対象者の拡大

　従来の利用対象者として，障害者手帳を持っていることや視覚障害者であることを条件にしている図書館が多くあります。これを，少なくとも法でいう「視覚障害者等」に拡大しなくてはなりません。本当は障害者サービスの利用者は「図書館利用に障害のある人」すべてであり，著作権法第37条第3項に基づいて製作した資料を利用できる人が「視覚障害者等」です。

　図書館の設置条例・規則・サービス要項等で障害者サービスの対象者が書かれている場合，障害者手帳の所持，身体障害者であること，視覚障害者などの表記を改訂し，少なくとも「視覚障害者等」に修正する必要があります。もちろん図書館の利用そのものに障害の有無はまったく関係ありませんが，製作された障害者サービス用資料を利用できる人として特定する必要があります。

　そして，図書館は新規に利用の申し込みがあった場合，「視覚障害者等」に該当するかどうかを判断しなくてはなりません。そのための方法として，「障害者サービス著作権ガイドライン」の別表1と2を活用してください。電話等で登録希望者に丁寧に状況を聞き，別表2に該当する項目があるかを確認します。

　サービスを行う者としては，利用者の個々の障害の状況やニーズを把握することは大切で，その人に合った資料やサービスを提供するために必要な情報です。「障害者であることを証明しないと図書館が利用できない」のではなく，図書館職員がどんな配慮・サービス・資料を提供すればよいかを考えるための情報ととらえてください。

(2) 製作・提供できる資料の拡大

　図書館は，視覚障害者等が利用するために必要な方式であればどんな形式の資料でも製作できます。これまでは，点字・録音図書を製作している図書館が多かったのですが，そのほかのものを製作してもかまいません。利用者が，視覚障害者からさまざまな障害者に拡大したわけですから，いろいろな障害に合わせた資料が必要です。また，録音資料も視覚障害者だけではなく，高齢で本が読みにくい人，発達障害者，いわゆる寝たきり状態の人等，さまざまな人の利用が考えられます。

　ところで，点字や音声デイジーについては詳しい製作基準やマニュアルがありますが，その他の資料についてはまだありません。マルチメディアデイジー，テキストデータはこれから最も期待されている資料の一つです。ところが，残念なことに使いやすい製作ソフトや製作マニュアルがありません。この点について，関係者の努力を求めます。

　障害者サービス用資料を製作するためには，専門的知識のある図書館職員とスキルの高い図書館協力者（点訳者・音訳者等）が必要です。そのため，すべての図書館において製作するのは現実的ではありませんし，効率的でもありません。音声デイジーは全国の点字図書館と100館ほどの公共図書館で製作していますが，その製作量は全出版点数の2割にもなりません。最も製作されている録音資料でさえその程度ですから，その他の資料となるとほんのわずかな数になってしまいます。せっかくマルチメディアデイジーなどの優れた資料形式ができても，実際の製作体制がないのです。

　図書館としては資料を作ることが目的ではなく，利用者が

希望する資料を必ず提供することが重要です。日本全体でさまざまな障害者サービス用資料の製作体制を整え，基本的なものはどこかが集中的に製作するなどして，全国の図書館に提供するシステムがあればと思います。

なお，点字・マルチメディアデイジー・テキストデイジー等を製作するには原本のテキストデータがあると効率的です。ぜひ，出版社からのデータ提供を促進してほしいと願います。

⑶　アクセシブルな電子書籍の刊行

最近の出版社は印刷版と合わせて電子書籍版を刊行する例が多く，EPUBという形式の電子データで作成することも増えてきました。このEPUBデータは障害者にアクセシブルな形式にすることが容易で，そこからテキストデータを抽出することも可能です。さらに，出版社からアクセシブルなEPUB形式の電子書籍が刊行されれば，そのまま多くの障害者が使える道も見えてきています。

そもそも，障害者等への情報提供においては，著作権法第37条第3項による資料製作と，今述べたEPUBのようなアクセシブルな電子書籍の刊行がいわば両輪のように必要です。著作権法第37条第3項「ただし書」や「視覚障害者等の読書環境の整備の推進に関する法律」（読書バリアフリー法，2019年6月公布）は，この出版社による提供を大きな目標としているのではないでしょうか。

⑷　提供方法の多様化

法でいう視覚障害者等の中で，来館が困難な人は，視覚障害者だけではなく，肢体不自由・施設入所者・寝たきり状態

の人等さまざまです。これらの人にどのような方法で資料を提供するのかが問題です。郵送貸出，図書館職員による宅配サービス，施設に出向いてのサービス，移動図書館車によるサービス等が考えられます。提供する障害者サービス用資料も多岐にわたっています。

　この中で，特に郵送貸出（業者による宅配も含む）が重要です。ところが，録音資料は視覚障害者に無料で郵送できるものの，他の障害者には無料では送れません。また，点字は3kgまでは誰に送っても無料ですが，その他の資料となると送料が必要です。唯一，図書・雑誌（紙の印刷物に限る）を重度障害者に郵送する場合，割引制度があります。つまり，現行郵便制度は重度の視覚障害者を念頭に置いた古い制度であり，「さまざまな障害者等」に「さまざまな資料を送る」ようにはなっていないのです。なお，念のため申し添えておきますが，障害者だから無料で送れるようにしてほしいということではなく，障害等の理由で図書館まで来られない人のために資料を送れるようにしてほしいということです。

　郵送にお金がかかるというのは大きな問題です。料金を負担するのは，図書館なのか，利用者なのか，郵便会社なのか，国なのか。どこも財政状況が厳しい中で何とかよい方法を見つけてほしいと思います。

　また，図書館職員による宅配サービスや施設入所者へのサービスは，やる気と職員体制さえあれば可能です。積極的に取り組んでもらいたいと思います。

⑸　製作した資料データの登録

　来館が困難な障害者等にとって，製作した資料データを自

宅のパソコンやタブレット等から利用できることは重要です。そのためには，製作館には以下のことが求められます。

　障害者サービス用資料を製作している図書館やグループでは，その書誌情報やコンテンツデータをサピエ図書館や国立国会図書館に登録することが必須です。公共図書館や大学・学校図書館などの場合は国立国会図書館に登録します。視覚障害者情報提供施設の場合はサピエ図書館に登録します。

　登録することにより，全国的な所蔵調査に対応できたり，障害者や図書館による資料検索とダウンロード，ストリーミング再生ができるようになります。

　せっかく資料を製作していても，登録がなされていないために，大切な資料が埋もれてしまうことのないようにしてください。一部の大学図書館・学校図書館・ボランティアグループで，資料の質に自信が持てないことを理由に登録を躊躇している例があるようですが，質（完成度）の程度を合わせて表示するなどして何とか活用できるように工夫してください。もちろん，利用者のために質の高い資料作成に努めることはいうまでもありません。

(6)　デイジーの利用方法

　デイジーは最も期待されている障害者サービス用資料の一つです。従来の音声デイジーに加え，マルチメディアデイジーやテキストデイジーも利用されています。

　デイジーを再生するには，専用再生機，パソコン，タブレットやスマートフォンなどを利用します。パソコンやタブレットの再生アプリは無料のものと有料のものがあります。音声デイジーは，一部の CD プレイヤーや IC レコーダーでも再

生できます。

　デイジーをサピエ図書館や国立国会図書館サーチを用いて，自宅のパソコンやタブレットなどから直接利用することも増えてきています。

　ところで，パソコンやIT機器を使いこなせる人はよいのですが，特に障害者はそのような人ばかりではありません。視覚障害者にとって一番簡単に使えるのが専用再生機です。しかし，専用再生機は一般のオーディオプレイヤー等に比べ高価で，よいものだからすぐに買うというわけにはいきません。重度の視覚障害者は福祉制度により割引で購入できますが，その他の障害者は対象外です（自治体ごとにその運用は若干異なります）。この「再生機が高い」ということが，重度視覚障害者以外へのサービス拡大の大きな障壁になっています。なお，読書バリアフリー法の制定に伴い，この問題への解決策も前向きに検討されていますので，よい形での運用がなされることを期待します。　　　　　　　　　　　　　　（佐藤　聖一）

5.3 デイジーの現状と今後の展望

　本節のデイジーの表記は，一般的なものはカタカナで，規格を表すときはDAISYとします。

(1)　DAISYとEPUB

　DAISY（Digital Accessible Information System）は，視覚障害や発達障害のように，何らかの理由で本を読むことが困難な人々の読書を可能にするために開発された電子出版の国際規格です。

日本のデイジー図書には，2.02 と 3.0 という 2 種類の規格がありますが，多くのデイジープレイヤーは両方に対応しています。最新の規格である DAISY4 は，電子出版業界が使う国際標準規格である EPUB3 と統合されています。そこで，デイジーと同等のアクセシビリティを備えた EPUB3 の電子出版物を，「アクセシブルな EPUB」と呼んでいます。

　EPUB3 は世界中の出版社と Web 産業を含めた IT 企業が使う国際標準としてこれからも発展を続けます。しかし，規格の開発目的が，あらゆる電子出版物を同じ規格に基づくものにすることであったため，アクセシブルでない EPUB3 規格の電子図書を作ることも今のところ技術的には可能です。それに対してデイジー図書の場合は，読み上げ等の基本的なアクセシビリティを保障するための機能は必須になっています。

(2)　デイジーと国際図書館連盟

　DAISY 規格の図書の再生にはプレイヤーが必要です。デイジーはきわめて互換性が高いので，外国で作ったデイジー図書であってもほとんどのプレイヤーで再生できます。基本ソフトが Windows か，iOS か，Android かということも，あまり気にする必要はありません。デイジーは，障害者などのために作られた電子図書の国際交換を主たる目的の一つにして開発されたので，国際的な互換性が高いのは当然です。

　世界の図書館職員が，今日のデイジーにつながる国際標準規格を開発しようと行動を起こしたのは 1995 年です。当時は，やっと PC が自由に朗読音声を扱えるようになった時代で，それぞれの国で，さまざまな団体や個人が入り乱れて，デジタル録音図書システムを競って開発していました。

それに先立ち，1986年の国際図書館連盟（IFLA）東京大会のサテライト会議としてデジタル録音図書の将来を考える国際シンポジウムが開催されました。その結果，IFLA盲人図書館セクション（Section of Libraries for the Blind：IFLA/SLB）の役員たちは，カセットテープが1995年くらいから徐々になくなっていくであろうという共通認識を持っており，それに代わるものとしてデジタル録音図書が主流になるとしても，デジタル録音図書に国際標準規格を設けないと，貴重な録音図書の国際交換ができなくなることに気づいていました。そこで，1995年春にトロントで開催されたデジタル録音図書の技術会議では，米国議会図書館の技術者たちが，国際標準規格の方向づけをするものと誰もが期待していました。

　しかし米国議会図書館は，向こう10年間は独自の規格のカセット録音図書を使うつもりなので，デジタル録音図書の国際標準規格はIFLAが責任を持って開発すべきと宣言したため，SLBは緊急の役員会議を開いて，SLBの責任で国際標準規格を開発するという歴史的な決断をしました。その後，1996年6月に日本，スウェーデン，オランダ，スペイン，スイスのIFLA/SLBメンバーで「DAISYコンソーシアム」を正式に結成し，その後急速にメンバーを拡大して，1998年に今日でも使われているDAISY規格を完成させました。

⑶　音声とテキスト

　マルチメディアのデイジー教科書は，日本では現在1万人以上の学習障害のある子どもたちが使っています。それを知っている人には想像できないかもしれませんが，DAISY規格を開発する初期の段階では，音声だけのデジタル録音図書

と，TTS（Text-To-Speech）と呼ばれる音声合成装置で読み上げさせるテキストファイルとを比較して，視覚障害のある利用者にはどちらがよいかという議論が真剣に行われていました。

当時，米国ではテキストファイルを視覚障害学生に配るユニークなサービスが急速に伸びていて，TTS を使って PC で文献を読む英語圏の学生たちの絶大な支持を得ていました。それに対して，非英語圏が多数を占めるヨーロッパでは，まだ英語とフランス語以外の TTS の能力が低く，人間が朗読したものを使いたいという視覚障害学生が多くいました。

テキストには，綴りが確認できる，検索できる，編集できるなど，数々のよい点がありましたが，当時の TTS 技術では数式や化学式や画像については対処できませんでした。他方，音声のほうは，朗読者が読める範囲の内容であればどんな専門書にも対処できる半面で，デジタル化しても音しかないので綴りを知ることができず，キーワード検索もできないという問題を抱えていました。

お互いにそれぞれの強みと弱みを熟知している 2 つのグループの間で，一度とことん討論をして，両方のよさを生かした新しいものが創れないかという思いが重なり，1997 年春に，DAISY コンソーシアムはスウェーデンのシグツナという町に世界中から専門家を集め，2 日間の自由討議の機会を設けました。

その結果，テキストと音声を同期するためのまだ存在しない技術と規格を新たに開発して，両方のよさを生かした規格にするという発想が生まれ，W3C（World Wide Web Consortium）の SMIL（Synchronized Multimedia Integration Language: XML で記述されたマルチメディアを同期させるための言語）の開発に

DAISY コンソーシアムとして参加し，SMIL1.0 を完成させました。その後は，まず SMIL に必要な改訂を行い，それを用いてデイジーの規格を改訂しています。

先に述べたアクセシブルな EPUB3 の開発においても，DAISY4 の開発のために DAISY コンソーシアムと日本の国立障害者リハビリテーションセンター研究所が参加して，4 年の歳月をかけて改訂した SMIL3.0 が使われています。

このようにして，音声とテキストと画像が同期するマルチメディアデイジー図書が生まれ，その機能は最新のアクセシブルな EPUB 図書にも継承されています。

⑷ これからのデイジー

デイジーの将来は，デイジーの開発と普及に携わる DAISY コンソーシアムが担っています。

国際非営利団体である DAISY コンソーシアムは，現在 EPUB の開発と維持を担っている W3C のメンバーとして，EPUB のアクセシビリティを向上させて出版のユニバーサルデザイン化を推進する独自の役割を果たしています。

今後，図書館が電子出版物を蔵書とする際には，アクセシビリティに留意することがとても重要になります。電子出版物のアクセシビリティには，デイジーと同じレベルのものからまったく読み上げができないものまで大きな開きがあります。図書館は選書の際にメタデータでアクセシビリティをチェックして，誰でもアクセス可能な電子版を積極的に導入することが必要です。それにより，アクセシブルな電子書籍の普及が進み，結果的に出版者によるアクセシブルな電子出版を促進することになります。現在 W3C が進めている「EPUB

アクセシビリティ 1.0」の ISO 標準化の実現は，購入する前に電子出版物のアクセシビリティをチェックすることを可能にします。

EU（ヨーロッパ連合）は，電子出版のコンテンツとともに流通においてもアクセシビリティの確保を義務づける法規制を2025 年までに実施することを決めていますが（6.2 で詳述），日本においてもこのような取り組みによってアクセシブルな電子出版を促進することが期待されます。

また，すでに出版されたアクセシブルでない出版物を，DAISY 規格あるいはアクセシブルな EPUB 規格に変換する活動の支援も DAISY コンソーシアムの重要な役割です。DAISY コンソーシアムが，W3C による EPUB アクセシビリティの普及とさらなる改定を通じて，文字通り誰もが読める出版と図書館の実現の推進力になることが期待されます。

（河村　宏）

5.4 電子書籍の障害者対応の現状（音声読み上げを中心に）

電子書籍の配信サービスを行っている公共図書館は，2020年 4 月でおよそ 100 館ほどになります。提供されるデータの中にはテキスト抽出ができない「フィックス型」（後述）を採用していて，視覚障害者が利用困難なものもあります。現在，公共図書館で提供されている電子書籍サービスの中には，一応音声読み上げ対応のものもありますが，視覚障害者が十分使えるものにはなっていません。

「公共図書館で働く視覚障害職員の会」（なごや会）では，2019 年 3 月に「視覚障害者のための電子書籍のアクセシビリ

ティ基準」（http://www.nagoyakai.com/kenkai/20190301accessibility. html）を公開しています。そこでは，視覚障害者が電子書籍を利用するための不可欠な条件として，(1)音声読み上げに関する事項，(2)表示に関する事項，(3)操作性に関する事項，(4)その他の事項，に分けて挙げています。誰もが使える電子書籍にするためには，障害に応じた対応が必要です。たとえば全盲の人には音声読み上げが，弱視の人には拡大表示が，視覚と聴覚の重複障害の人には点字表示が必要です。音声読み上げを例に，出版社などに求められることを以下に示します。

(1) 電子書籍端末のアクセシビリティ

　アメリカでは Amazon の Kindle 端末に音声読み上げ機能がありますが，日本で発売された Kindle 端末には当初読み上げ機能はありませんでした。しかし，数年前から日本でも Amazon Fire タブレットで日本語の Kindle 本を読み上げることが可能となりました。また，同社の Echo などのスマートスピーカーでは Kindle 本や Audible のオーディオブックが音声で操作できるようになり，音声での電子書籍の利用が少しずつ可能になっています。しかし，その他の電子書籍専用の端末では，国内で視覚障害者が利用できるものはありません。

(2) パソコンやスマートフォンなどのアクセシビリティ

　パソコンではスクリーンリーダーと呼ばれる画面読み上げソフトが必要で，「PC-Talker」（高知システム開発）や「JAWS」（エクストラ）等があります。iPhone や iPad などの iOS 端末では，標準で搭載されている VoiceOver というアプリの読み上げ機能を用います。Android 搭載のスマートフォンでは，

TalkBack と併用して「ドキュメントトーカ for Android」（クリエートシステム開発）を用います。現状では iPhone や iPad など iOS 製品が電子書籍利用に最も適した端末といえます。

(3)　電子書籍販売サイトのアクセシビリティ

　電子書籍の販売サイトは，スクリーンリーダーで利用しにくいものが多いのが実情です。その主な原因は，画像に対する説明がない，画面が複雑で必要な情報に到達しにくい等さまざまです。視覚障害者等にも使いやすいサイトになることを願います。

(4)　電子書籍アプリのアクセシビリティ

　パソコンで使用する場合，高知システム開発から発売されている「MyBook V」が，電子書籍フォーマットの一つである EPUB 形式を含めてさまざまなファイルの読み上げに対応しています。

　一方，iPhone や iPad で利用可能な iOS アプリでは，Kindle アプリが 2013 年 5 月から音声読み上げに対応しています。Kindle ストアには日本語書籍が 40 万冊あり，そのうち「リフロー型」（後述）の書籍は読み上げが可能です。特に新刊書等がすぐに読めるのは画期的なことです。しかし，一部画像中心の書籍等は利用できません。また，合成音声による自動読み上げでは地名・人名・難読語等で誤読が生じ，正確に読めないことがあります。

　その他のアプリでは，Apple の iBooks が 2013 年 3 月の日本での発売開始と同時に音声読み上げに対応しています。Android 端末では，Kindle アプリが 2013 年 12 月に音声読み

上げに対応し，Kindle ストアの日本語書籍が読めるようになりました。

(5) 電子書籍コンテンツのアクセシビリティ

　電子書籍には「リフロー型」と「フィックス型」という 2 つの形式があります。「リフロー型」は，プレーンテキストに文字の大きさ・段落・改ページ・ルビ・画像配置などのタグを入れたものです。これは，EPUB 形式などで広く使われているもので，コンテンツは音声読み上げで利用可能です。最新の EPUB3 は DAISY4 とも互換性がありますので，今後広く用いられることが期待されます。

　一方，「フィックス型」は，PDF や画像ファイルなどをそのまま電子書籍の形に変換したもので，レイアウトが固定されています。文字情報が入っていないので，音声読み上げで利用することができません。

　過去の書籍を電子化する場合は，原本をスキャンして製作することになるので「フィックス型」が多くなってしまうのはやむを得ないのかもしれませんが，今後発売されるものについてはすべて「リフロー型」にして，視覚障害者等が利用できるようにしてほしいものです。出版者がデータ流出を恐れるあまり，結果として視覚障害者等が利用できない電子書籍の販売を続けることのないよう，もっと強制力のあるルール作りが必要なのではないでしょうか。　　　　　　（杉田　正幸）

5.5 サピエ図書館

(1) サピエとは?

　「サピエ」は,「てんやく広場」として 1988 年にスタートしたもので,その後進化を遂げながら,視覚障害者等の幅広い人々に,さまざまな情報を提供してきた実績のあるネットワークです。その中心となっているのが「サピエ図書館」です。

　サピエ図書館は,著作権法第 37 条で点字図書館等が製作する点字・録音資料の書誌情報とコンテンツデータを収集する電子図書館です。

　サピエ図書館の利用者は,個人でインターネットから直接利用する人々だけでも約 1 万 8000 人で,年間約 1,000 人ずつ増加し続けています。また,施設・団体では図書館等 393 施設が加盟しています。後述する所蔵データ数も大変多く,日本の障害者サービスを支える最大のネットワークです。

　サピエは,全国視覚障害者情報提供施設協会(全視情協)が運営し,日本点字図書館がシステム管理を行っています(サピエ:https://www.sapie.or.jp)。

(2) 豊富なサピエ図書館の点字や音声のデータ

　サピエ図書館の点字データは約 22 万タイトル,音声デイジーは約 10 万タイトルと,世界でも類を見ない多さです。点字データについては点字出力だけではなく,誤読のない合成音声で読むためのデータとしても,多くの人々が利用しています。さらに,テキストデイジーも約 9,000 タイトルとなり,マルチメディアデイジーや,2014 年から収集を開始した

シネマデイジーも徐々に増加しています。

(3) サピエ図書館の幅広い利用方法

　サピエ図書館にあるデータは著作権法第37条に基づいて製作されており，視覚障害者等がその対象者です。視覚障害者等は，個人会員になると直接ダウンロードやストリーミングで利用することができます。また，点字図書館や公共図書館などを通じて，サピエ図書館にある資料・情報を利用することができます。点字図書館86館がサピエ図書館を活用して約8万人の利用者への郵送等のサービスをしています。公共図書館では199館がサピエに加盟し，障害者サービスの利用が広がっています。

　図書館等による具体的利用方法として次のものがあります。

　一つ目は，サピエ図書館から利用者が希望するデイジー等のデータをダウンロードしてCDやSDに書き込み，郵送する方法です。利用者は専用の再生機や再生ソフトで利用します。

　二つ目は，サピエ図書館の全国的な資料検索機能を活用して，所蔵館を調べ相互貸借により資料を借り受けて，利用者に郵送で貸し出す方法です。各館が製作して所蔵する全国の点字・録音資料など約75万タイトルの書誌データを用いて資料の検索と相互貸借を行い，全国の資料をあたかも自館の資料のように利用者に提供することができます。

　なお，サピエ図書館と国立国会図書館サーチには，横断検索的な機能があります。国立国会図書館が収集している点字やデイジーのデータについて，サピエ図書館から資料の検索を行い直接ダウンロードすることができます。ただし，国立

国会図書館が書誌情報のみ持っている場合は，検索結果に反映されませんのでご注意ください。資料の所蔵調査では念のため両方を検索することをお勧めします。

　三つ目は，サピエ図書館の資料検索を利用者自身が行う方法です。利用者が音声パソコンなどを使って自分の読みたい資料を探し，「オンラインリクエスト」ボタンを押すことにより，自動的にリクエストが入る仕組みです。図書館等はオンラインリクエストされた資料を相互貸借で借りて，利用者に提供します。ダウンロードがうまく使えない利用者や，書誌データはあるけれどもダウンロードできるデータそのものがない場合に利用します。

　また，サピエ図書館には「全国録音雑誌一覧」，「全国点字雑誌一覧」があり，毎年更新されています。これらを使って，雑誌を定期的に送るサービスができます。

　このように，サピエ図書館は障害者サービスの重要かつ基本的なツールとなっています。

⑷　サピエ図書館を利用するには

　視覚障害者等は，すべてのサービスを無料で利用できる個人会員になれます。個人会員として登録するためには，点字図書館か公共図書館（サピエ加盟館）のいずれかに利用者登録している必要があります。

　全国の図書館がどのような点字・デイジーの資料を所蔵しているかについては，誰でもサピエ図書館のホームページから検索することができます。

　ただし，公共図書館等が資料のダウンロードやオンラインリクエストをするためには，年度ごとに4万円の利用料を支

84

払う「サピエ会員施設」になる必要があります。

（本節の数値は2020年4月現在）

（加藤　俊和）

5.6 国立国会図書館の視覚障害者等用データ収集および送信サービス

　国立国会図書館の視覚障害者等用データ収集および送信サービスは，図書館等が著作権法第37条の権利制限規定に基づき，視覚障害者等向けに製作したデイジーや点字データなどのデータ（視覚障害者等用データ）を国立国会図書館が収集し，インターネットを通じて視覚障害者等個人や図書館等が利用できるサービスです。2014年に開始しました。その後，サピエ図書館との連携を実現し，収録数，利用数とも徐々に拡大してきました。

　このサービスは，国立国会図書館サーチ障害者向け資料検索（障害者向け資料・データの検索）を通じて提供しています。国立国会図書館サーチ障害者向け資料検索では，このサービスで提供されている視覚障害者等用データを直接利用できるほか，全国の図書館で製作された障害者サービス用資料の書誌情報と所在情報も収録されており，全国的な相互貸借のための資料の検索も行えます。いわば，サピエ図書館と同様の電子図書館的なサービスを利用することができるようになっています。サピエ図書館との大きな違いは，視覚障害者等用データの収集対象です。サピエ図書館は主に点字図書館によって製作された視覚障害者等用データを収集しているのに対し，国立国会図書館は，公共図書館，大学図書館，学校図

書館，ボランティアグループ等によって製作された視覚障害者等用データを収集しています。また，未校正テキストデータを収集対象に含むなど，収集対象とするデータ種別もサピエ図書館よりも広くなっています。

　本節では，このサービスの現況について紹介します。

(1)　視覚障害者等用データの収集について

　収集対象は以下のとおりです。

　＜収集対象機関＞

　公共図書館，大学図書館，学校図書館，ボランティア団体等の，著作権法施行令（昭和 45 年政令第 335 号）第 2 条において「視覚障害者等のための複製等が認められる者」と規定される図書館等からデータを収集しています。ただし，サピエ図書館ですでにデータが収集されている点字図書館等の機関は除きます。

　2020 年 2 月末時点で 90 の機関・団体からデータを収集しています。

　＜収集対象データ種別＞

　現在，国立国会図書館が収集しているデータ種別は以下のとおりです。

データの種類	ファイル形式（例）
音声デイジー	DAISY2.02
音声ファイル	MP3
マルチメディアデイジー	DAISY2.02，EPUB3
テキストデイジー	DAISY3
テキストデータ（未校正テキストデータを含む）	プレーンテキスト，EPUB3，DOCX，透明テキスト付 PDF
点字データ	BSE，BES，Braille ASCII

(2) 視覚障害者等用データの提供について

(1)のとおり，他機関から収集した視覚障害者等用データと国立国会図書館が製作した学術文献録音図書デイジー等を提供しています。利用できる点数は，2020 年 2 月末現在，次の表のとおり，計 2 万 5291 点です。

視覚障害者等用データ送信サービスの提供コンテンツ数

(2020 年 2 月末現在)

	国立国会図書館製作	他機関製作（収集データ）	合計
音声デイジー	1,521 点	21,830 点	23,351 点
マルチメディアデイジー	0 点	68 点	68 点
テキストデイジー	3 点	19 点	22 点
EPUB	8 点	0 点	8 点
プレーンテキスト	0 点	203 点	203 点
点字データ	20 点	1,619 点	1,639 点
合計	1,552 点	23,739 点	25,291 点

　このサービスに「送信承認館」として登録している公共図書館，大学図書館等（2020 年 2 月末現在，121 館）は，施設内に設置された端末で利用者に視覚障害者等用データを閲覧提供することや，CD や SD などにデータをダウンロードし，それを利用者の自宅に郵送する（貸出または譲渡）といった方法で利用者にデータを提供することができます。また，個人の利用者が国立国会図書館に視覚障害者等として利用者登録することで，図書館を経由しないで自宅からインターネットを通じてデータを直接利用することもできます。

また，サピエ図書館とのシステム連携により，サピエ図書館の施設会員，個人会員は，国立国会図書館に利用登録をしなくとも，送信サービスで提供する音声デイジー，マルチメディアデイジー，テキストデイジー，点字データをサピエ図書館上で利用することができます。

⑶　さいごに

　サピエ図書館と国立国会図書館が役割分担をしながらも連携してデータを収集・提供することで，視覚障害者等用データの全国規模の収集とそれを共有する体制が実現しています。今後も国内の関係機関が製作する視覚障害者等用データを着実に収集し，それらを幅広く視覚障害者等に提供できるように努力していきます。　　　　　　　　　　　　　　（安藤　一博）

5.7　マラケシュ条約と視覚障害者等用データの国を越えた利用

⑴　「マラケシュ条約」とは

　ユネスコ文化遺産として知られるモロッコのマラケシュに2013年6月に集まった186の世界知的所有権機関（WIPO）加盟国の代表者は，「盲人，視覚障害者その他の印刷物の判読に障害のある者が発行された著作物を利用する機会を促進するためのマラケシュ条約」（マラケシュ条約）に合意しました。これまで著作権者の権利は，技術の進歩とともに拡大してきました。そのような中で，障害者が著作物のアクセスを保障されていない現状（知識の飢饉）を改善するために，「著作権の一部を制限して製作されたアクセス可能な著作物」を，外

国の障害者にも提供できるようにするための国際著作権条約が成立しました。これは，マラケシュの奇跡と呼ばれ，国際的な話題になりました。

　日本では，著作権法が10年に及ぶ障害者団体等の粘り強い交渉によって改正され，2010年1月には，図書館等が幅広い著作物を，著作権者の許諾なしにテキスト・画像および音声を含むデイジー型式等の電子図書に変換して，さまざまな読書に障害のある利用者に提供できるようになりました。

　著作権法条文のわかりにくい部分は，立法の趣旨に沿って「障害者サービス著作権ガイドライン」で補って，図書館はサービスの実践を進めてきました。

　マラケシュ条約は，新たに定義された「読むことに障害がある人々」（Persons with Print Disabilities）のために，動画や音声を含まない著作物を，著作権を制限してデイジー図書等のアクセス可能なものに変換し，ネットワークを活用して国境を越えて提供できるとしました。この国際条約によって，世界中の障害者の80％を占める発展途上国に住む障害者も，ともに「知識の飢饉」の問題を解決できるようになったのです。

　この国際合意の最大の意義は，国際的に共同して目指す，長中期的な「知識の飢饉」の解決の方向が示されたことにあります。

　まず，それぞれの国が障害者権利条約に沿って，少なくともマラケシュ条約のレベルで著作権を制限して，障害者がアクセスできる国際標準規格の複製物を作ります。それを国内でネットワークを活用して効率よく流通させ，さらにそのネットワークシステムを相互に連携させて，途上国を含む世界の障害者の情報へのアクセスを飛躍的に改善させるという

活動の展開です。それと並行して，マラケシュ条約の究極的な目標である，アクセス可能な出版の普及による「知識の飢饉」問題の根本的な解決も推進されます。

このような戦略を技術的に支えるために，WIPO 事務総長のもとには，DAISY コンソーシアムと電子出版界の両方の技術的スタッフで構成されるワーキンググループが作られ，マラケシュ条約を支える技術とシステムの検討が行われてきました。マラケシュ条約を支えるグローバルなデータ交換システムは，最終的には数百万タイトルのデイジー，電子化された点字ファイルあるいはアクセシブルな EPUB 形式の出版物等を擁する，障害者のための電子図書館になります。

この巨大な電子図書館の出現は，やがて出版者にその市場の大きさを知らせ，出版者が自らアクセシブルな出版を行う動機づけになります。出版者が自らアクセス可能な出版を行えば，著作権を制限して図書館がデイジー版や点字版を製作する必要はなくなります。

これまでは，収益が期待できないという理由でデイジー版，点字版，拡大文字版が商業的に出版されることはわずかでした。そこで DAISY コンソーシアムは W3C とともに，最新版の DAISY 規格でもあるアクセシブルな EPUB3 の開発に全力を尽くしてきました。それにより，デイジーのアクセシビリティ技術のすべてが商業的電子出版の国際標準規格である EPUB3 で実現できるようになりました。

その結果，アクセシブルな EPUB の形式で出版すれば，点字利用者は点字ディスプレイで読み，音声による利用者は読み上げで読み，活字の利用者は大きな文字あるいは自分に合った画面色で読めるようになりました。

著名な歌手である全盲のスティービー・ワンダーは，この条約が「利益を確保しつつ同時に大義に貢献することは可能という重要なメッセージを世界のリーダー達に送っている」と指摘しており，彼が，著作権者自身によるアクセシブルな出版こそが問題の究極の解決であり，それが実現可能だと信じていることをうかがわせます。　　　　　　　　　　（河村　宏）

⑵　日本の現状

　2019 年 1 月の日本におけるマラケシュ条約発効により，外国で製作された視覚障害者等用データを日本に取り寄せることや，国内で製作された視覚障害者等用データを外国の視覚障害者等に提供することが可能になりました。マラケシュ条約締約国の視覚障害者等は，自国の著作権法等において国外の機関との視覚障害者等用データのやり取りを行う権限を与えられた機関 Authorized Entity（AE）を通じて，他国の視覚障害者等用データを取り寄せることができます。日本では，理論的には全国の図書館や点字図書館がその AE に該当しますが，当面は，大規模に視覚障害者等用データを収集・提供している国立国会図書館と，全視情協が運営するサピエ図書館が，視覚障害者等用データの国際交換の中心的な役割を担うことになっています。WIPO が事務局を務める Accessible Books Consortium（ABC）の Global Book Service は，世界中で障害者のために著作権を制限して製作したアクセシブルな図書データを共有するための団体で，国立国会図書館と全視情協は，2019 年 7 月に加入しています。　　　　　　　（安藤　一博）

⑶ 国立国会図書館のマラケシュ条約に基づくサービス

　国立国会図書館は，2019 年 11 月に視覚障害者等用データの国際交換サービスを開始しました。国立国会図書館が外国から取り寄せた視覚障害者等用データは，送信サービスに登録して国内向けに提供しています。外国への視覚障害者等用データの提供については，ABC Global Book Service を通じて提供する方法に加え，送信サービスを通じての提供も実施しており，マラケシュ条約締約国に居住する視覚障害者等とマラケシュ条約締約国の AE から送信サービスの利用登録を受け付けています。

（安藤　一博）

⑷ サピエ図書館のマラケシュ条約に基づくサービス

　全視情協は，DAISY コンソーシアム設立時の日本を代表する正会員で，DAISY コンソーシアムを通じて，マラケシュ条約の成立に向けた交渉を推進してきました。サピエ図書館は，その全視情協が運営する読むことに障害のある人々のためのオンライン図書館で，所蔵データ数は国際的に見ても有数の規模となっています。

　現在，サピエ図書館は，まず海外からの要請が高いと思われる日本のノーベル賞受賞者の作品から ABC に登録して十分な試行を行い，安定した運用のための態勢整備から取り組みを進めています。

　国際的な資料の共有の実務においては，言語の違いにより，ローマ字で書かれた同姓同名の日本人の著者名や，翻訳された書名などにより，資料が増えれば増えるほど資料を特定することが難しくなりがちです。現在の検索システムはラテン文字（アルファベット）で書かれた文献の検索には便利ですが，

日本語をはじめ非ラテン文字の原著者名・原書名の検索に問題があります。このような検索システムの問題によって生ずる混乱で，限られた資源が浪費されることは避けなければなりません。全視情協は，日本語の資料を外国から的確に検索して特定するための ABC の資料検索システムの評価と改善，非ラテン文字の作品を含む効率のよい国際的な資料提供態勢の構築に貢献しています。

　なお，国境を越えて資料を提供する際には，各国の著作権の制限の範囲が日本と異なっていることに注意しなくてはなりません。たとえば，日本では著作権法第 37 条の規定によって，映画にも著作権の制限が及んでいますが，マラケシュ条約は映画等に著作権の制限が及ばないものがあります。日本では，マラケシュ条約を越えて実現している著作権の制限を条約批准後も維持していますから，サピエ図書館はシネマデイジー（映画のサウンドトラックに映画の登場人物の表情や動作，画面の様子を説明する音声解説を付けてデイジー編集したもの）を著作権法の規定に基づいて蔵書にしています。しかし，提供する相手国でそれが利用できるかどうかは，相手国の著作権法の規定によりますので，このような制度の違いによって起こる可能性のある混乱を慎重に回避しながら，安定して持続する国際的な資料提供を目指しています。　　　（河村　宏）

5.8 大学図書館・学校図書館における動向と取り組み

　2010 年 1 月 1 日より著作権法第 37 条第 3 項による複製等を行うことができるようになった図書館等の中に，「大学等の図書館及びこれに類する施設」と「学校図書館法第 2 条の

学校図書館」も含まれています（著作権法施行令第2条）。ここでは，大学図書館と学校図書館の動向と取り組みについて紹介します。

(1) 大学図書館の動向と取り組み

近年，大学においては，障害学生支援が重要な実践課題の一つとなっています。文部科学省は，2012年5月に「障害のある学生の修学支援に関する検討会」を設置して，障害学生支援のあり方の検討を進めています（2017年3月に「第二次まとめ」を公表）。また，障害学生支援に携わる大学教員らが呼びかけ人となって，2014年10月には「全国高等教育障害学生支援協議会」という一般社団法人が設立されています。こうした動向には，障害者権利条約（2014年1月批准）や障害者差別解消法（2016年4月施行）によって，障害学生に「合理的配慮の提供」を行える体制や環境を，すべての大学で整えなければならなくなったという背景が関係しています。

では，大学図書館における法第37条第3項に基づく障害学生へのサービスの動向はどうなっているのでしょうか。筆者は，2014年2月10日から18日にかけて，独立行政法人日本学生支援機構が運営する「障害学生修学支援ネットワーク」の拠点校になっている全国の国私立大学9校と，協力校になっている国立筑波技術大学のあわせて10校の大学図書館を対象に，法第37条第3項に基づく障害学生へのサービス実施の有無と実施事例について照会しました。その結果，9校（拠点校8校，協力校1校）から回答がありました。

実施していたのは，拠点校1校（私立日本福祉大学）と協力校の2校のみでした。日本福祉大学付属図書館では，「所蔵

している図書のテキストデータを提供」しており，その実績は 2010 年度 4 件，2011 年度 3 件，2012 年度 3 件，2013 年度 1 件とのことでした。いずれも視覚障害学生への提供でした。また，筑波技術大学は，視覚障害者と聴覚障害者のみを受け入れる国内唯一の大学であり，その図書館も障害学生のニーズに対応したサービスを展開しています。たとえば，テキストおよび音声デイジー図書の製作，専用サーバへのデイジーデータの蓄積と提供（ただし，学内ネットワークからのみアクセス可能）などです。これらの取り組みは，同大学図書館が 2005 年 10 月に文化庁長官の指定を受けたことにより，2010 年 1 月以前から実施しているとのことでした。

　この 2 校以外の大学図書館からは，「しょうがい学生支援室と著作権法改正への対応等について協議を持ちましたが，現在のところ個人へのサービスまでの踏み込んだ検討をしておりません」（宮城教育大学附属図書館），「2012 年に視覚障害学生の依頼を受けて，全頁複写を 2 件行いました。これは，スキャンして音声利用するための最初の工程として複写物を作成したものです」（筑波大学附属図書館），「利用学生からの要望はなく，必要な学生は対面朗読をご利用になっているようです」（同志社大学図書館）といった回答がありました。

　なお，日本学生支援機構が 2019 年 7 月に公表した平成 30 年度の「障害のある学生の修学支援に関する実態調査」の結果によると，4 年制大学（785 校）のうち，テキストデータ化に取り組んでいる大学は 106 校（13.5％）でした。

　以上のことから，大学図書館においては，法第 37 条第 3 項に基づく障害学生へのサービスの展開は，増加しているであろうことは推測されるもののまだこれからという現状にある

といえます。大学図書館界全体での議論と実践のさらなる発展が待たれます。

(2) 学校図書館の動向と取り組み

初等・中等教育の学校でも，特別支援教育は重要な実践課題です。特別支援学校だけでなく，それ以外の学校においても発達障害や知的障害などさまざまな障害の児童・生徒が多数在籍するようになってきており，特別支援教育のニーズと関心が高まっています。

2010 年 1 月からは，「学校図書館法第 2 条の学校図書館」，つまり，小学校，中学校，高等学校，義務教育学校，中等教育学校，特別支援学校のすべての学校図書館において，法第 37 条第 3 項による複製等を行うことができるようになりました。

視覚障害児を教育する特別支援学校（盲学校）の学校図書館では，著作権法改正以前から，音声デイジー図書などの録音媒体への複製は認められていましたが，2010 年 1 月以降は，児童・生徒が必要とする録音以外の方式の媒体への複製等も自由に行えるようになりました。視覚障害児以外を教育する特別支援学校の学校図書館でも，法改正を受けて，新たな取り組みを始めるところが出てきています。たとえば，京都市立呉竹総合支援学校では，2013 年度から，絵本などのデジタル化と学校図書館内のサーバへの蓄積・提供を行う「21 世紀型 ICT 教育の創造モデル事業－学校図書館等のメディアセンター化を中心とした調査研究事業」を実施しています。また，東京都立墨東特別支援学校では，公益財団法人伊藤忠記念財団が頒布しているマルチメディアデイジー図書の作品な

どを学校図書館内のサーバへ蓄積し，本校から離れた場所に
ある病院内の分教室でもインターネットを経由して利用でき
るようにしています。

　こうした特別支援学校の学校図書館における動向に対して，
小学校，中学校，高等学校，義務教育学校，中等教育学校の
学校図書館では，目立った取り組みはまだ見られません。学
校図書館で法第 37 条第 3 項による複製等を行うには，学校
図書館を担当する校務分掌組織の曖昧さや職員体制のぜい弱
さ，音訳などの協力者の養成・確保など，解決しなければな
らない課題が多々あるのも事実です。そもそも，多くの学校
関係者が著作権法第 37 条第 3 項の改正自体をいまだに知ら
ないというのが，各地で研修や講演を担当しての筆者の実感
です。大学同様，初等・中等教育のすべての学校とその図書
館においても「合理的配慮の提供」の実施は待ったなしです。
学校図書館界全体での議論や情報共有が急がれます。

（野口　武悟）

6章 今後の障害者サービスと著作権法

6.1 著作権法 残された課題

　今まで本書を読んできた方には，著作権法がかなり障害者に寄り添うものになってきていることを感じられたでしょうか。また「図書館の障害者サービスにおける著作権法第37条第3項に基づく著作物の複製等に関するガイドライン」(障害者サービス著作権ガイドライン) と合わせて運用すると，世界的にも優れた内容であるといえます。しかし，すべてがよいかというとそういうわけでもありません。実際，2009年6月の改正を決めた国会でも，今後も継続して法律改正をするようにという附帯決議がなされ，2019年6月にも追加の改正がなされました。

　日本の著作権法の構造として「著作権の制限」という方法で利用者（障害者）の権利を保障しようとしています。この方式だと「制限」する場合のものを挙げていかなくてはならないため，どうしてもこぼれてしまうものが出てきてしまいます。具体的には次のような課題があります。

⑴　第37条第3項の課題
①　すべての障害者を対象としていない
　現行法では，その対象は「視覚による表現の認識が困難な

者＝視覚障害者等」ということになっています。

　しかしそれ以外に，情報へのアクセスに障害があるのにもかかわらず視覚障害者等には含まれない人たちがいます。音声情報の入手が困難な聴覚障害者はその代表ですが，それは第37条の2で規定されています（後述）。

　その他の例として，科学物質過敏症やアレルギー等により本に触れられない人，無菌状態が必要な病気の人等も，厳密な意味で視覚障害者等ではないかもしれませんが，明らかに障害者サービス用資料を必要としています。

　国際的にみると，世界知的所有権機関（WIPO）の障害者のための著作権条約「盲人，視覚障害者その他の印刷物の判読に障害のある者が発行された著作物を利用する機会を促進するためのマラケシュ条約」（マラケシュ条約）では，その対象者を「視覚障害者及びその他のPrint Disabilities」としています。国際図書館連盟（IFLA）の関係する部会の名称は「特別なニーズのある人々に対する図書館サービス分科会」と「印刷物を読むことに障害がある人々（Print Disabilities）のための図書館分科会」です。これらが対象としているすべてを日本の著作権法は包括しているのでしょうか。「視覚障害者等」を越える表記が必要なのかもしれません。

②　視覚著作物のみが複製（製作）対象になっている

　視覚障害者等に複製（資料製作）できるものの原本は，視覚著作物に限るとされています。たとえば，音声形式で販売されているものは対象に含まれていません。

　具体的にはカセットテープや音楽CD形式で販売されているものを，音声デイジーやマルチメディアデイジーにするこ

とができません。デイジーに変換したほうがより障害者に使いやすいわけですが，それが許されていないのです。デイジーにすることがいけないのではなく，原本が視覚著作物でないからできないということです。

　ほとんどの電子書籍は視覚著作物と考えられますが，音声を含む新しい形式の資料です。障害者にアクセシブルでないものは，障害者サービス用資料に複製（製作）することができると考えられます。このあたりも明確にしておいたほうがよいのかもしれません。障害者にアクセシブルでない出版物は，障害者等が使える方式に複製（製作）できるとしてほしいところです。

③　すべての障害者サービス用資料の製作を認めたものになっていない

　既述のように，「視覚障害者等が利用するために必要な方式」にはさまざまな資料形態のものが含まれます。しかし，それはすべてではありません。対象となる視覚障害者等の範囲を拡大していくと，利用する資料の種類も増えていきます。また，新たな形式の資料も開発されるかもしれません。「障害者等が利用するために必要な方式」のように，より広い表現になっていくことを期待します。

⑵　第37条の2の課題
①　字幕ビデオの貸出のために補償金の支払いを求めている

　第37条の2では，政令で定められた施設において聴覚障害者等のために，自由に字幕ビデオを製作して提供できることになっています。ところが，製作した字幕ビデオの貸出の

ためには，図書館等に補償金の支払いを第38条第5項で求めています。さらに，その補償金の支払い方法（システム）は存在しません。したがって，実質的に貸出ができませんし，結果的に製作しても意味がないということになっています。つまり，法律はあるけれどもまったくの骨抜き状態です。

　そもそも元の映像資料が利用できない聴覚障害者等のための資料であるのに，なぜその貸出に補償金が必要なのでしょうか。そこには，映像資料そのものの複雑な権利関係と権利意識が働いていることが背景にあるのかもしれません。早くきちんと整理して，法律の趣旨が生かせるようにしなくてはなりません。

　著作権法の問題ではありませんが，映像資料に字幕を挿入するためにはいくつかの技術的な壁をクリアしなくてはなりません。文字を入れること自体は，映像物に字幕を入れるソフトがあるので，比較的簡単にできます。しかし，元の映像物にコピープロテクトがかかっていてできないことがあります。また，聴覚障害者にわかりやすい字幕（文字）を考えそれぞれのシーンに合わせた時間的制約の中で入れ込むのは，かなりの専門技術を必要としています。いずれにしても，早く図書館等で字幕・手話入りの映像物が自由に製作・提供できるようにしてほしいものです。

②　聴覚障害者用映像資料の図書館への相互貸借ができない

　現在，日本では主に聴覚障害者情報提供施設が字幕入り映像資料を製作・提供しています。ところが，製作した資料を公共図書館等に貸し出して，そこから利用者に提供することが実質的にできません。

直接的な著作権法の問題ではありませんが，せっかく製作された字幕や手話の入った映像資料を図書館から貸し出すことができないというのは大変残念なことです。　　　（佐藤　聖一）

6.2 欧州アクセシビリティ法

(1)　はじめに

　今後の障害者と情報のあり方を考える上で，先進事例として「欧州アクセシビリティ法」を知ることは重要です。

　欧州アクセシビリティ法（European Accessibility Act: EAA）は，EU 指令（EU Directive）[*1]として 2019 年に制定されました。この指令の正式名称は，「製品とサービスのアクセシビリティ要件に関する欧州議会および欧州理事会の 2019 年 4 月 17 日の指令（EU）2019/882」（仮訳）[*2]といいます。EAA は，「障害者の権利に関する条約」（障害者権利条約）における義務を反映しており，各国固有の規則を取り除き，EU 加盟国間のアクセシブルな製品・サービスの貿易を改善することを目的としています。これにより，域内市場におけるアクセス可能な製品およびサービスの利用が高まり，関連情報のアクセスが向上します。

　企業は，国境を越えた貿易を容易にする EU 内の共通の規則を持つこととなり，その恩恵を受けて，アクセス可能な製品やサービスを提供する企業にとって，より大きな市場が可能になります。また，障害者や高齢者は，市場からより入手しやすい製品やサービスが提供されることにより恩恵を受けます[*3]。

　EAA を遵守するために必要な法律，規則および行政規定は，

102

2022 年 6 月 28 日までに加盟国によって採択され，公表される必要があります。また，3 年後の 2025 年には，欧州アクセシビリティ法の要件がすでに実施されていなければなりません。さらに罰則の規定もあります(*4)。

　この法律について，特にアクセシブルな出版を実現する電子書籍とその流通のアクセシビリティに関連する部分に焦点をあてながら概説をします。

*1　EU 指令：EU における法令の形態のひとつ。EU の基本条約を根拠に制定され，加盟国の政府に対して直接的な法的拘束力を持ちます。加盟国政府は，定められた期限内に指令に規定された政策目標を達成するため，国内立法等の措置をとることが求められます。
https://www.cpra.jp/glossary/atoz/eushirei.html

*2　英語名："Directive（EU）2019/882 of the European Parliament and of the Council of 17 April 2019 on the accessibility requirements for products and services（Text with EEA relevance）"
https://eur-lex.europa.eu/legal-content/EN/TXT/HTML/?uri=CELEX:32019L0882&from=EN#d1e32-100-1

*3　European Accessibility Act：
https://ec.europa.eu/social/main.jsp?catId = 1202#:~:text = The%20European%20accessibility%20act%20is,Businesses%20will%20benefit%20from%3A&text = more%20market%20opportunities%20for%20their%20accessible%20products%20and%20services

*4　同法の定義によれば，この指令の要件および義務は，この指令の範囲内でサービスを提供する零細企業には適用されません。「零細企業」とは，雇用者数が 10 人未満で，年間売上高が 200 万ユーロ以下または年間貸借対照表総額が 200 万ユーロ以下の企業をいいます。

⑵ 目的

この指令の目的は，第1条で「特定の製品及びサービス分野におけるアクセシビリティ要件に関する加盟国の法令及び行政上の規定を統一することにより，特に，加盟国における異なるアクセシビリティ要件から生じるこの指令の対象となる製品及びサービスの自由な流通に対する障壁を除去し及び防止することにより，域内市場の適切な機能に貢献することである」と述べています。

この目的は前述の障害者権利条約の内容が大きく影響しており，アクセシビリティは「障害者のアクセスが他の者と平等に確保することに貢献する，できればユニバーサルデザインまたは『すべての人のためのデザイン』アプローチによる，バリアを体系的に取り除くことと防止によって達成されるべきである」としています。さらにこの法律の中で「アクセシビリティとユニバーサルデザインは，障害者権利委員会が採択した第9条アクセシビリティの一般的な意見第2号（2014年）に従って解釈されるべきである」[*5] としていることは重要なことです。

---

*5　障害者権利委員会によって2014年4月11日採択された一般的意見第2号（2014年）第9条：アクセシビリティ　https://www.dinf.ne.jp/doc/japanese/rights/rightafter/crpd_gc2_2014_article9.html

---

⑶ 受益者

欧州アクセシビリティ法における障害者の定義は，障害者権利条約の中で規定される「長期的な身体的，精神的，知的又は感覚的な機能障害であって，さまざまな障壁との相互作

用により他の者との平等を基礎として社会に完全かつ効果的に参加することを妨げ得るものを有する者を含む」を使用しています。また高齢者，妊婦または荷物のある旅行者など機能的制限のある人も，この指令の恩恵を受けるとしています。

(4)　対象となる事業者

　公的機関だけでなく，電子商取引（e-commerce），交通機関，銀行などにおける公的なサービスを提供する民間事業者にもアクセシビリティの確保が求められています。具体的には，製造業者，輸入業者，流通業者，サービス事業者に対してアクセシビリティ要件に従うことを義務づけています。

(5)　対象となる製品とサービス

　同法の第2条で，製品とサービスの範囲について説明していますが，以下が対象となります[*6]。

コンピュータとOS

ATM，発券機，チェックイン機

スマートフォン

デジタルテレビ

電話機と電話サービス

視聴覚メディアとそのサービス

電子書籍端末機器（e-reader）と再生ソフト等

電子書籍（コンテンツ）

航空・バス・鉄道・水上の旅客輸送サービスで利用されるウェブサイト，携帯アプリ，eチケット等

銀行サービス

電子商取引

上記により，情報通信技術（ICT）アクセシビリティが重要視されていることがわかります。

*6　参照：山田肇「欧州アクセシビリティ法の制定とその影響」『ITUジャーナル』2020.5, p.12-17.
　https://www.ituaj.jp/?itujournal=2020_05

⑹　電子書籍におけるアクセシビリティ要件

　電子書籍における全般的なアクセシビリティ要件については，同法付属資料セクションⅢの2条2項にあります。

　さらに具体的な電子書籍のアクセシビリティ要件は，同法付属資料セクションⅣの「特定のサービスに関連する追加のアクセシビリティ要件」で規定されています。

　このセクションにおいて，障害者の多様な利用方法をできるだけ保障するために，障害者のニーズに応じたサービスが提供できるよう，支援技術との相互運用性を確保する機能，手法，政策，手続きおよび運営上の変更を含めることを求めています。特に，電子書籍のアクセシビリティ要件は以下のようになります。

・電子書籍にテキストだけでなく音声も含まれている場合は，テキストと音声を同期して提供できるようにすること。

・電子書籍のデジタルファイルが支援技術の正常な動作を妨げないように確保すること。

・コンテンツへのアクセス，動画等を含むファイルコンテンツおよびレイアウトのナビゲーション（例：デイジーの見出し），構造化（例：デイジーのレベル），コンテンツの提供において，さまざまな方法で選択できるようにすること。

・目で読めるだけではなく，音声や点字，その他の知覚可能な方法や，理解ができる方法，障害者が操作できる方法で確実にコンテンツを代替形式で提供し，コンテンツとさまざまな支援技術と相互に使用可能にすること。
・どのようなアクセシビリティ機能があるか，メタデータに記載すること。
・デジタル著作権管理（DRM）措置がアクセシビリティ機能を妨げないように確保すること。

　上記においては，アクセシブルな情報システムであるデイジーの特徴を示唆しており，今後電子書籍の出版社が電子書籍のメタデータにアクセシビリティ機能を含めることや，DRM によるアクセシビリティの制限がされないようにしていくことが規定されています。これにより 2025 年以降の情報のアクセシビリティに大きな変化を期待したいと思います。

（野村美佐子）

6.3 障害者サービスが目指すもの

　「だれでも，図書館を使いたいときに使うことができ，読みたいものが読める。」残念ながら日本の図書館は障害者にとってまだそのような環境ではありません。

　2009 年の著作権法改正により，障害者サービスは格段に進歩しました。公共図書館ではそれまで許諾をとらなければ作れなかった音訳資料などを自由に作ることができるようになり，また，サピエ図書館や国立国会図書館でダウンロードできる障害者サービス用資料も確実に増えてきています。

　2009 年の法改正では，上肢障害や寝たきり状態などでいわ

ゆる物理的な意味で資料が利用できない人は利用対象者に含まれていませんでした。そのため「障害者サービス著作権ガイドライン」で認める方法をとっていましたが，2018年の法改正で改めてこのような人たちも利用できることが明確になりました。

さらに，障害者のための著作権条約である「マラケシュ条約」が，2019年1月1日に施行され，障害者等のために製作された資料が国を越えてお互いに利用できるようになりました。そして，2019年6月には「視覚障害者等の読書環境の整備の推進に関する法律」（読書バリアフリー法）が成立しました。

ただ，著作権法にも残された課題があります。それは，聴覚障害者への映像資料の問題などです。2.3（2）で説明したように，字幕や手話の入った映像資料を著作権法第37条の2で製作することはできても，制度が整っていないため，実質的に貸出することはできません。貸出ができる資料を作ろうとすると許諾を得るか，オリジナルで作らないとなりません。さらに，聴覚障害者等に貸出可能な資料があったとしても，実質的に公共図書館に相互貸借できないという課題もあります。これらの問題は，今後著作権法の改正を含め関係者と検討していく必要があります。

このような残された課題はあるものの，障害者等の読書に関する法制度はこの10年ほどで，格段に整ってきました。また，利用者も，障害者等が使える資料の数も，その製作館数も増えてきています。

しかし，2017年度に国立国会図書館が実施した「公共図書館における障害者サービスに関する調査研究」からは，全国で一定レベルの障害者サービスを行っている図書館は，残念

ながら2割弱しかありませんでした。資料製作に至っては1割以下です。残りの8割の図書館では，実質的に障害者サービスが行われていません。その地域に住む「図書館利用に障害のある人々」は，図書館による資料・情報へのアクセスができない状態にあるのです。

障害者サービスを始めようとするならば，点字・録音資料を一つも所蔵していなくても開始できます。資料を全国の図書館や点字図書館から借りれば，利用者に提供することができます。図書館間で資料を借りたり，図書館から視覚障害者に資料を送るのも，デイジーや点字資料であれば送料は無料です。さらに，サピエや国立国会図書館からデータをダウンロードすることもできます。障害者サービスを始めるのにハードルはそんなに高くないのです。

障害者サービスがあまり行われていない8割の図書館の中には，「点字・録音資料は排架しているけれども障害者の図書館利用がない」という館もあるでしょう。しかし，障害者がまったくいない自治体はあるでしょうか。住民すべてにおいて，生まれてくる子どもは何も障害がなく，高齢になっても病気もなく，亡くなるときはある日突然ぽっくりと……ということはあり得ないでしょう。障害者手帳の有無とは関係なく，何割かの人は何かしらの障害を負いながら人生を全うします。しかし，障害を負っても住民の大半は図書館の障害者サービスを知りません。障害当事者に届く形で図書館サービスをPRすることが必要です。

図書館職員は知っていることだと思いますが，情報を得られるかどうかで生活は大きく変わってきます。その方法は，テレビ・ラジオなどもありますが，自分のペースで読みたい

ものを自由に繰り返して読めることは，日々の生活から人生設計までさまざまな面でかかわってきます。また，障害者の中にはICTを活用しにくい人もいます。

　著作権法は，点字図書館だけに認めていた録音図書の製作を公共図書館等にも認め，さらに録音図書だけでなく，それ以外のさまざまな形式の資料製作も認めました。活字による読書が困難な人が利用できるよう，これらのサービスを全国に広げていく必要があります。

　ところで，著作権法と読書バリアフリー法は，障害者等への情報提供について，社会に対して一つの大きな提案をしています。それは，第37条第3項による資料製作・提供の促進と，出版社によるアクセシブルな電子書籍の刊行です。アクセシブルな電子書籍とは，障害者等もそのまま利用できるように配慮されたものということです。

　著作権法では第37条第3項の「ただし書」で，出版社が同じ形式のものを販売等している場合は製作できないとしています。これは出版社によるアクセシブルな資料の販売を促すためのもので，現実的にはアクセシブルな電子書籍を刊行することが最もよい方法です。また，経済的にも持続可能な方法といえます。読書バリアフリー法では，第12条を「視覚障害者等が利用しやすい電子書籍等の販売等の促進等」として，そのまま出版社によるアクセシブルな電子書籍の刊行を促しています。

　図書館は，積極的に，第37条第3項で製作された資料を入手し提供するとともに，アクセシブルな電子書籍を購入して障害者を含むすべての市民に提供するべきです。これにより，買いたい人は購入する，借りたい人は図書館から借りる，と

いう当たり前のことが実現するのです。

　法律は改正されても，それが実際のサービスに反映されなければ，絵に描いた餅でしかありません。誰もが使える図書館，どんな障害や高齢になっても何の問題もなく利用できる図書館，自分たちの町の図書館をそんな図書館にしていきましょう。

（椎原　綾子）

参考文献・ウェブサイト

1 参考文献

(1) 図書

・文化庁著作権課『著作権テキスト』文化庁（年次）

　文化庁ホームページにも掲載されています。

　https://www.bunka.go.jp/seisaku/chosakuken/seidokaisetsu/kyozai.html

・池村聡著『著作権法コンメンタール　別冊　平成 21 年改正解
　説』勁草書房，2010.5

・寺本振透編集代表，西村あさひ法律事務所編著『解説改正著作
　権法』弘文堂，2010.5

・全国視覚障害者情報提供施設協会著作権プロジェクト編『著作
　権マニュアル　2008 新版　別冊 - 2009 年改正著作権法第 37 条
　第 3 項を中心に - 』全国視覚障害者情報提供施設協会，2011.3

・佐藤聖一著『1 からわかる図書館の障害者サービス：誰もが使
　える図書館を目指して』学文社，2015.2

・日本図書館協会障害者サービス委員会編『図書館利用に障害の
　ある人々へのサービス』（JLA 図書館実践シリーズ　37，38）日
　本図書館協会，印刷版，2018.8，電子書籍版，2018.11

(2) 雑誌記事

・文化庁長官官房著作権課「著作権法の一部を改正する法律（平
　成 21 年改正）について」『コピライト』49(585)，2010.1，p.21-50.

・文化庁長官官房著作権課「著作権法施行令の一部を改正する政
　令等について」『コピライト』50(594)，2010.10，p.21-38.

- 梅田ひろみ「フォーラム2009 著作権法改正と今後の課題」『ノーマライゼーション：障害者の福祉』29(7)，2009.7，p.36-38.

- 梅田ひろみ「著作権改正とこれからの視覚障害者の情報保障」『視覚障害：その研究と情報』256，2009.9，p.10-20.

- 弱視者問題研究会「著作権法が改正されます」『弱問研つうしん』362，2009.9，p.11-18.

- 梅田ひろみ「著作権法改正を活かして市民に頼られる図書館に」『みんなの図書館』390，2009.10，p.71-73.

- 山本順一「2009（平成21）年著作権法改正と図書館サービス」『図書館雑誌』104(3)，2010.3，p.158-159.

- 梅田ひろみ「著作権法を活かして，今こそみんなの図書館に」『みんなの図書館』395，2010.3，p.2-10.

- 青木慎太朗「視覚障害者への情報支援と著作権法上の課題」青木慎太朗編『視覚障害学生支援技法　増補改訂版』（生存学研究センター報告12），2010.3，p.86-102.
  http://www.arsvi.com/2010/1003as03.htm

- 前田章夫「基調報告　著作権法改正が与える影響等について」『図書館界』62(1)，2010.5，p.32-37.

- 常世田良，家禰淳一，立花明彦他「著作権法改正と障害者サービスの展望」『図書館界』62(2)，2010.7，p.146-149.

- 南亮一「2009年著作権法改正によって図書館にできるようになったこと：障害者サービスに関して」『図書館雑誌』104(7)，2010.7，p.430-433.
  http://www.dinf.ne.jp/doc/japanese/access/copyright/minami_jla1007.html

- 望月優「『愛のテープは違法』から35年－ついに認められた図書館での録音図書サービス」『図書館雑誌』104(7)，2010.7，p.438-439.

http://www.dinf.ne.jp/doc/japanese/access/copyright/mochizuki_jla1007.html

- 佐藤聖一「『図書館の障害者サービスにおける著作権法第37条第3項に基づく著作物の複製等に関するガイドライン』と障害者サービス」『図書館雑誌』104 (7)，2010.7，p.434-437.

http://www.dinf.ne.jp/doc/japanese/access/copyright/sato_jla1007.html

- 連載「改正著作権法と図書館の現状」(「図書館利用に障害のある人へのサービス」交流のページ)『みんなの図書館』
  ①佐藤聖一「改正著作権法の概要」400，2010.8，p.83-85.
  ②佐藤聖一「障害者サービスの現状」401，2010.9，p.69-71.
  ③佐藤聖一「現場でできること，困っていること」402，2010.10，p.77-79.
- 連載「著作権法改正と障害者サービス」第1回～第15回『図書館雑誌』104 (9)～106 (7)，2010.9～2012.7
  - 野村美佐子「(第1回)DAISYを活用した図書館の学習障害者など発達障害者への新たな取り組み」104 (9)，2010.9，p.616-617.
  - 石井みどり「(第2回) 著作権法改正と盲学校の図書館－ようやく出発点に」104 (10)，2010.10，p.684-685.
  - 小野康二「(第3回)改正著作権法と聴覚障害者情報提供施設について－図書館との連携を探る」104 (11)，2010.11，p.746-747.
  - 加藤俊和「(第4回) 視覚等の障害者が必要とする情報とは？－サピエが広げる情報と公共図書館等への期待」104 (12)，2010.12，p.822-823.
  - 大橋由昌「(第5回) 読書権運動の起源－明治期の点字雑誌に見る点字図書館創設への願い」105 (1)，2011.1，p.42-43.
  - 宇野和博「(第6回) 著作権法改正と弱視者への読書支援」105 (3)，2011.3，p.170-171.

- 山元亮，山口俊裕「（第 7 回）聴覚障害者（ろう者）サービスの現況と展望」105(4)，2011.4，p.232-233.
- 藤澤和子「（第 8 回）知的障害の人たちへのわかりやすさを提供する図書館サービス－図書館利用案内の LL（やさしく読める）リライト」105(5)，2011.5，p.292-293.
- 長岡朋子「（第 9 回）図書館上映会における『字幕・音声ガイドつき上映』の取り組み－埼玉県川口市での実践」105(6)，2011.6，p.398-399.
- 田中加津代「（第 10 回）弱視の子どもたちに絵本を－著作権法改正を追い風にして」105(7)，2011.7，p.460-461.
- 藤田晶子「（第 11 回）拝啓　公共図書館さま」105(9)，2011.9，p.640-641.
- 山中香奈「（第 12 回）公共図書館・学校図書館に期待すること：発達障害の子どもたちとマルチメディアデイジー図書」105(11)，2011.11，p.770-771.
- 野口武悟「（第 13 回）著作権法改正を学校図書館で生かすために」105(12)，2011.12，p.814-815.
- 杉田正幸「（第 14 回）都道府県立図書館の役割」106(3)，2012.3，p.184-185.
- 大友恒文「（第 15 回）国立国会図書館の障害者サービス」106(7)，2012.7，p.486-487.
- 「特集・2015 年度図書館学セミナー　図書館に関係する著作権の動向 2015」『図書館界』67(6)，2016.3
  - 南亮一「動向を理解するための著作権のキホン」p.339-341.
  - 野村美佐子「講演　視覚障害者等の情報保障に係る著作権法改正の動向」p.352-361.
  - 南亮一，野村美佐子，生貝直人，福井健策「討議　図書館に関

　係する著作権の動向 2015」p.362-371.
・南亮一「障害者サービスと著作権について－これまでの経緯と
　個々のサービスとの関係を中心に」『専門図書館』281, 2017.1, p.
　21-26.
・河村宏「ブック・ストリート　アクセシビリティ　ABC」『出版
　ニュース』2473，2018.2 月下旬号，p.14.
・宇野和博「マラケシュ条約批准と著作権法改正，そして真の読
　書バリアフリーを目指して　読書バリアフリー法の早期実現
　を」『出版ニュース』2488，2018.8 月上旬号，p.4-9.
・河村宏「マラケシュ条約における出版と図書館の役割『読書バ
　リアフリー法』と"読書の権利と著者の権利の調和"」『出版
　ニュース』2503，2019.1 月上・中旬号，p.12-15.
・後藤敏行「図書館法，著作権法等の改正と図書館」『現代の図書
　館』57(3)，2019.9，p.176-183.
・井上奈智「著作権法改正とマラケシュ条約と TPP11 による図書
　館実務への影響」『図書館雑誌』113(2)，2019.2，p.72-74.
・山内薫「著作権法改正(2009 年)と障害者サービスの課題」『図
　書館雑誌』113(5)，2019.5，p.284-285.
・JLA 障害者サービス委員会，著作権委員会「2018 年の著作権法
　改正に合わせて『障害者サービス著作権法ガイドライン』を改
　定しました」『図書館雑誌』114(1)，2020.1，p.28-29.

2　参考ウェブサイト

(1)　障害者用資料の検索，データ利用

・国立国会図書館サーチ（障害者向け資料検索のトップページ）
　http://iss.ndl.go.jp/#search-handicapped
・サピエ（視覚障害者情報総合ネットワーク）ホームページ

https://www.sapie.or.jp/

(2)　障害者サービスの参考になるページ

・国立国会図書館「障害者サービスを実施する図書館へのサービ
　ス」（図書館員に向けたページ）

　http://www.ndl.go.jp/jp/library/supportvisual/supportvisual.html

・国立国会図書館「視覚障害者等用データ送信サービス」

　http://www.ndl.go.jp/jp/library/supportvisual/supportvisual-10.html

・国立国会図書館「障害者サービス担当職員向け講座：講義資料」
　（年次）

　https://dl.ndl.go.jp/info:ndljp/pid/8695682

(3)　法律・ガイドラインなど

・日本図書館協会「図書館の障害者サービスにおける著作権法第
　37条第3項に基づく著作物の複製等に関するガイドライン」

　http://www.jla.or.jp/Portals/0/html/guideline20191101.htm

　http://www.jla.or.jp/Portals/0/html/guideline20191101.docx

・日本図書館協会「著作権法第37条第3項ただし書該当資料確
　認リスト」

　https://www.jla.or.jp/library/gudeline/tabid/859/Default.aspx

　http://www.jla.or.jp/Portals/0/html/list20200713.docx

・文化庁「平成21年通常国会著作権法改正について」

　https://www.bunka.go.jp/seisaku/chosakuken/hokaisei/h21_hokaisei/

・文化庁「文化審議会著作権分科会報告書」（平成21年1月）

　https://www.bunka.go.jp/seisaku/bunkashingikai/chosakuken/pdf/
　h2101_shingi_hokokusho.pdf

・文化庁「著作権法の一部を改正する法律（平成30年法律第30

号）について」

https://www.bunka.go.jp/seisaku/chosakuken/hokaisei/h30_hokaisei/

・文化庁「文化審議会著作権分科会報告書」（平成 29 年 4 月）

https://www.bunka.go.jp/seisaku/bunkashingikai/chosakuken/pdf/
h2904_shingi_hokokusho.pdf

・外務省「盲人，視覚障害者その他の印刷物の判読に障害のある
者が発行された著作物を利用する機会を促進するためのマラケ
シュ条約（マラケシュ条約）」

https://www.mofa.go.jp/mofaj/files/000343334.pdf

⑷ その他

・文化庁「視覚障害者等のための複製・公衆送信が認められる者
について～文化庁の個別指定を受けずとも，ボランティア団体
等が音訳等事業を行えるようになりました～」

https://www.bunka.go.jp/seisaku/chosakuken/seidokaisetsu/1412247.
html

・授業目的公衆送信補償金等管理協会　SARTRAS「視覚障害者
等のための複製・公衆送信が認められる者の一覧」

https://sartras.or.jp/wp-content/uploads/37_list.pdf

https://sartras.or.jp/dai37jyo/

・文化庁「著作権なるほど質問箱」

https://pf.bunka.go.jp/chosaku/chosakuken/naruhodo/index.asp

・公益社団法人著作権情報センター

http://www.cric.or.jp/

著作権関係法規
(障害者サービス関連条文のみ抜粋)

著作権法（昭和45年法律第48号）（抄）

著作権法施行令（昭和45年政令第335号）（抄）

著作権法施行規則（昭和45年文部科学省令第26号）（抄）

著作権法施行規則第2条の4の規定に基づき文化庁長官が定める
ウェブサイトを定める件（平成31年文化庁告示第25号）

1　著作権法（抄）

（昭和45年5月6日法律第48号）

最終改正：平成30年7月13日法律第72号

（権利の目的とならない著作物）

第13条　次の各号のいずれかに該当する著作物は，この章の規定
による権利の目的となることができない。

一　憲法その他の法令

二　国若しくは地方公共団体の機関，独立行政法人（独立行政法
人通則法（平成11年法律第103号）第2条第1項に規定する独
立行政法人をいう。以下同じ。）又は地方独立行政法人（地方独
立行政法人法（平成15年法律第118号）第2条第1項に規定す
る地方独立行政法人をいう。以下同じ。）が発する告示，訓令，
通達その他これらに類するもの

三　裁判所の判決，決定，命令及び審判並びに行政庁の裁決及び
決定で裁判に準ずる手続により行われるもの

四　前三号に掲げるものの翻訳物及び編集物で，国若しくは地方

公共団体の機関，独立行政法人又は地方独立行政法人が作成するもの

（同一性保持権）

第20条 著作者は，その著作物及びその題号の同一性を保持する権利を有し，その意に反してこれらの変更，切除その他の改変を受けないものとする。

2　前項の規定は，次の各号のいずれかに該当する改変については，適用しない。

　一～三　［略］

　四　前三号に掲げるもののほか，著作物の性質並びにその利用の目的及び態様に照らしやむを得ないと認められる改変

（私的使用のための複製）

第30条 著作権の目的となつている著作物（以下この款において単に「著作物」という。）は，個人的に又は家庭内その他これに準ずる限られた範囲内において使用すること（以下「私的使用」という。）を目的とするときは，次に掲げる場合を除き，その使用する者が複製することができる。［以下略］

（図書館等における複製等）

第31条 国立国会図書館及び図書，記録その他の資料を公衆の利用に供することを目的とする図書館その他の施設で政令で定めるもの（以下この項及び第3項において「図書館等」という。）においては，次に掲げる場合には，その営利を目的としない事業として，図書館等の図書，記録その他の資料（以下この条において「図書館資料」という。）を用いて著作物を複製することができる。

　一　図書館等の利用者の求めに応じ，その調査研究の用に供するために，公表された著作物の一部分（発行後相当期間を経過した定期刊行物に掲載された個々の著作物にあつては，その全部。

第3項において同じ。）の複製物を1人につき1部提供する場合

二　図書館資料の保存のため必要がある場合

三　他の図書館等の求めに応じ，絶版その他これに準ずる理由により一般に入手することが困難な図書館資料（以下この条において「絶版等資料」という。）の複製物を提供する場合

2　前項各号に掲げる場合のほか，国立国会図書館においては，図書館資料の原本を公衆の利用に供することによるその滅失，損傷若しくは汚損を避けるために当該原本に代えて公衆の利用に供するため，又は絶版等資料に係る著作物を次項の規定により自動公衆送信（送信可能化を含む。同項において同じ。）に用いるため，電磁的記録（電子的方式，磁気的方式その他人の知覚によっては認識することができない方式で作られる記録であつて，電子計算機による情報処理の用に供されるものをいう。以下同じ。）を作成する場合には，必要と認められる限度において，当該図書館資料に係る著作物を記録媒体に記録することができる。

3　国立国会図書館は，絶版等資料に係る著作物について，図書館等又はこれに類する外国の施設で政令で定めるものにおいて公衆に提示することを目的とする場合には，前項の規定により記録媒体に記録された当該著作物の複製物を用いて自動公衆送信を行うことができる。この場合において，当該図書館等においては，その営利を目的としない事業として，当該図書館等の利用者の求めに応じ，その調査研究の用に供するために，自動公衆送信される当該著作物の一部分の複製物を作成し，当該複製物を1人につき1部提供することができる。

（教科用拡大図書等の作成のための複製等）

第33条の3　教科用図書に掲載された著作物は，視覚障害，発達障害その他の障害により教科用図書に掲載された著作物を使用する

ことが困難な児童又は生徒の学習の用に供するため，当該教科用
図書に用いられている文字，図形等の拡大その他の当該児童又は
生徒が当該著作物を使用するために必要な方式により複製するこ
とができる。

2　前項の規定により複製する教科用の図書その他の複製物（点字
により複製するものを除き，当該教科用図書に掲載された著作物
の全部又は相当部分を複製するものに限る。以下この項において
「教科用拡大図書等」という。）を作成しようとする者は，あらか
じめ当該教科用図書を発行する者にその旨を通知するとともに，
営利を目的として当該教科用拡大図書等を頒布する場合にあつて
は，第33条第2項に規定する補償金の額に準じて文化庁長官が
定める算出方法により算出した額の補償金を当該著作物の著作権
者に支払わなければならない。

3・4　[略]

（視覚障害者等のための複製等）

第37条　公表された著作物は，点字により複製することができる。

2　公表された著作物については，電子計算機を用いて点字を処理
する方式により，記録媒体に記録し，又は公衆送信（放送又は有
線放送を除き，自動公衆送信の場合にあつては送信可能化を含む。
次項において同じ。）を行うことができる。

3　視覚障害その他の障害により視覚による表現の認識が困難な者
（以下この項及び第102条第4項において「視覚障害者等」とい
う。）の福祉に関する事業を行う者で政令で定めるものは，公表さ
れた著作物であつて，視覚によりその表現が認識される方式（視
覚及び他の知覚により認識される方式を含む。）により公衆に提
供され，又は提示されているもの（当該著作物以外の著作物で，
当該著作物において複製されているものその他当該著作物と一体

122

として公衆に提供され，又は提示されているものを含む。以下この項及び同条第4項において「視覚著作物」という。）について，専ら視覚障害者等で当該方式によつては当該視覚著作物を利用することが困難な者の用に供するために必要と認められる限度において，当該視覚著作物に係る文字を音声にすることその他当該視覚障害者等が利用するために必要な方式により，複製し，又は公衆送信を行うことができる。ただし，当該視覚著作物について，著作権者又はその許諾を得た者若しくは第79条の出版権の設定を受けた者若しくはその複製許諾若しくは公衆送信許諾を得た者により，当該方式による公衆への提供又は提示が行われている場合は，この限りでない。

（聴覚障害者等のための複製等）

第37条の2　聴覚障害者その他聴覚による表現の認識に障害のある者（以下この条及び次条第5項において「聴覚障害者等」という。）の福祉に関する事業を行う者で次の各号に掲げる利用の区分に応じて政令で定めるものは，公表された著作物であつて，聴覚によりその表現が認識される方式（聴覚及び他の知覚により認識される方式を含む。）により公衆に提供され，又は提示されているもの（当該著作物以外の著作物で，当該著作物において複製されているものその他当該著作物と一体として公衆に提供され，又は提示されているものを含む。以下この条において「聴覚著作物」という。）について，専ら聴覚障害者等で当該方式によつては当該聴覚著作物を利用することが困難な者の用に供するために必要と認められる限度において，それぞれ当該各号に掲げる利用を行うことができる。ただし，当該聴覚著作物について，著作権者又はその許諾を得た者若しくは第79条の出版権の設定を受けた者若しくはその複製許諾若しくは公衆送信許諾を得た者により，当該

聴覚障害者等が利用するために必要な方式による公衆への提供又
は提示が行われている場合は，この限りでない。

一　当該聴覚著作物に係る音声について，これを文字にすること
　　その他当該聴覚障害者等が利用するために必要な方式により，
　　複製し，又は自動公衆送信（送信可能化を含む。）を行うこと。

二　専ら当該聴覚障害者等向けの貸出しの用に供するため，複製
　　すること（当該聴覚著作物に係る音声を文字にすることその他
　　当該聴覚障害者等が利用するために必要な方式による当該音声
　　の複製と併せて行うものに限る。）。

（営利を目的としない上演等）

第38条　公表された著作物は，営利を目的とせず，かつ，聴衆又は
　　観衆から料金（いずれの名義をもつてするかを問わず，著作物の
　　提供又は提示につき受ける対価をいう。以下この条において同
　　じ。）を受けない場合には，公に上演し，演奏し，上映し，又は口
　　述することができる。ただし，当該上演，演奏，上映又は口述に
　　ついて実演家又は口述を行う者に対し報酬が支払われる場合は，
　　この限りでない。

2・3　［略］

4　公表された著作物（映画の著作物を除く。）は，営利を目的とせ
　　ず，かつ，その複製物の貸与を受ける者から料金を受けない場合
　　には，その複製物（映画の著作物において複製されている著作物
　　にあつては，当該映画の著作物の複製物を除く。）の貸与により公
　　衆に提供することができる。

5　映画フィルムその他の視聴覚資料を公衆の利用に供することを
　　目的とする視聴覚教育施設その他の施設（営利を目的として設置
　　されているものを除く。）で政令で定めるもの及び聴覚障害者等
　　の福祉に関する事業を行う者で前条の政令で定めるもの（同条第

2号に係るものに限り，営利を目的として当該事業を行うものを除く。）は，公表された映画の著作物を，その複製物の貸与を受ける者から料金を受けない場合には，その複製物の貸与により頒布することができる。この場合において，当該頒布を行う者は，当該映画の著作物又は当該映画の著作物において複製されている著作物につき第26条に規定する権利を有する者（第28条の規定により第26条に規定する権利と同一の権利を有する者を含む。）に相当な額の補償金を支払わなければならない。

（翻訳，翻案等による利用）

第47条の6 次の各号に掲げる規定により著作物を利用することができる場合には，当該著作物について，当該規定の例により当該各号に定める方法による利用を行うことができる。

一 第30条第1項，第33条第1項（同条第4項において準用する場合を含む。），第34条第1項，第35条第1項又は前条第2項 翻訳，編曲，変形又は翻案

二 第30条の2第1項又は第47条の3第1項 翻案

三 第31条第1項第1号若しくは第3項後段，第32条，第36条第1項，第37条第1項若しくは第2項，第39条第1項，第40条第2項，第41条又は第42条 翻訳

四 第33条の2第1項，第33条の3第1項又は第47条 変形又は翻案

五 第37条第3項 翻訳，変形又は翻案

六 第37条の2 翻訳又は翻案

2 前項の規定により創作された二次的著作物は，当該二次的著作物の原著作物を同項各号に掲げる規定（次の各号に掲げる二次的著作物にあつては，当該各号に定める規定を含む。以下この項及び第48条第3項第2号において同じ。）により利用することがで

きる場合には，原著作物の著作者その他の当該二次的著作物の利用に関して第28条に規定する権利を有する者との関係においては，当該二次的著作物を前項各号に掲げる規定に規定する著作物に該当するものとみなして，当該各号に掲げる規定による利用を行うことができる。

一　第47条第1項の規定により同条第2項の規定による展示著作物の上映又は自動公衆送信を行うために当該展示著作物を複製することができる場合に，前項の規定により創作された二次的著作物　同条第2項

二　前条第2項の規定により公衆提供提示著作物について複製，公衆送信又はその複製物による頒布を行うことができる場合に，前項の規定により創作された二次的著作物　同条第1項

（複製権の制限により作成された複製物の譲渡）

第47条の7　第30条の2第2項，第30条の3，第30条の4，第31条第1項（第1号に係る部分に限る。以下この条において同じ。）若しくは第3項後段，第32条，第33条第1項（同条第4項において準用する場合を含む。），第33条の2第1項，第33条の3第1項若しくは第4項，第34条第1項，第35条第1項，第36条第1項，第37条，第37条の2（第2号を除く。以下この条において同じ。），第39条第1項，第40条第1項若しくは第2項，第41条から第42条の2まで，第42条の3第2項，第46条，第47条第1項若しくは第3項，第47条の2，第47条の4又は第47条の5の規定により複製することができる著作物は，これらの規定の適用を受けて作成された複製物（第31条第1項若しくは第3項後段，第36条第1項又は第42条の規定に係る場合にあつては，映画の著作物の複製物（映画の著作物において複製されている著作物にあつては，当該映画の著作物の複製物を含む。以下この条におい

て同じ。）を除く。）の譲渡により公衆に提供することができる。
ただし，第30条の3，第31条第1項若しくは第3項後段，第33
条の2第1項，第33条の3第1項若しくは第4項，第35条第1
項，第37条第3項，第37条の2，第41条から第42条の2まで，
第42条の3第2項，第47条第1項若しくは第3項，第47条の2，
第47条の4若しくは第47条の5の規定の適用を受けて作成され
た著作物の複製物（第31条第1項若しくは第3項後段又は第42
条の規定に係る場合にあつては，映画の著作物の複製物を除く。）
を第30条の3，第31条第1項若しくは第3項後段，第33条の2
第1項，第33条の3第1項若しくは第4項，第35条第1項，
37条第3項，第37条の2，第41条から第42条の2まで，第42
条の3第2項，第47条第1項若しくは第3項，第47条の2，
47条の4若しくは第47条の5に定める目的以外の目的のために
公衆に譲渡する場合又は第30条の4の規定の適用を受けて作成
された著作物の複製物を当該著作物に表現された思想若しくは感
情を自ら享受し若しくは他人に享受させる目的のために公衆に譲
渡する場合は，この限りでない。

（出所の明示）

第48条　次の各号に掲げる場合には，当該各号に規定する著作物
の出所を，その複製又は利用の態様に応じ合理的と認められる方
法及び程度により，明示しなければならない。

一　第32条，第33条第1項（同条第4項において準用する場合
を含む。），第33条の2第1項，第37条第1項，第42条又は第
47条の規定により著作物を複製する場合

二　第34条第1項，第37条第3項，第37条の2，第39条第1項，
第40条第1項若しくは第2項又は第47条の2の規定により著
作物を利用する場合

三　第 32 条の規定により著作物を複製以外の方法により利用する場合又は第 35 条，第 36 条第 1 項，第 38 条第 1 項，第 41 条若しくは第 46 条の規定により著作物を利用する場合において，その出所を明示する慣行があるとき。

2　前項の出所の明示に当たつては，これに伴い著作者名が明らかになる場合及び当該著作物が無名のものである場合を除き，当該著作物につき表示されている著作者名を示さなければならない。

3　第 43 条の規定により著作物を翻訳し，編曲し，変形し，又は翻案して利用する場合には，前二項の規定の例により，その著作物の出所を明示しなければならない。

（保護期間の原則）

第 51 条　著作権の存続期間は，著作物の創作の時に始まる。

2　著作権は，この節に別段の定めがある場合を除き，著作者の死後（共同著作物にあつては，最終に死亡した著作者の死後。次条第 1 項において同じ。）70 年を経過するまでの間，存続する。

（無名又は変名の著作物の保護期間）

第 52 条　無名又は変名の著作物の著作権は，その著作物の公表後 70 年を経過するまでの間，存続する。ただし，その存続期間の満了前にその著作者の死後 70 年を経過していると認められる無名又は変名の著作物の著作権は，その著作者の死後七十年を経過したと認められる時において，消滅したものとする。

2　前項の規定は，次の各号のいずれかに該当するときは，適用しない。

一　変名の著作物における著作者の変名がその者のものとして周知のものであるとき。

二・三　［略］

（団体名義の著作物の保護期間）

第53条　法人その他の団体が著作の名義を有する著作物の著作権
　　は，その著作物の公表後70年（その著作物がその創作後70年以
　　内に公表されなかつたときは，その創作後70年）を経過するまで
　　の間，存続する。
　2・3　［略］
（映画の著作物の保護期間）
第54条　映画の著作物の著作権は，その著作物の公表後70年（そ
　　の著作物がその創作後70年以内に公表されなかつたときは，そ
　　の創作後70年）を経過するまでの間，存続する。
　2・3　［略］
（保護期間の計算方法）
第57条　第51条第2項，第52条第1項，第53条第1項又は第54
　　条第1項の場合において，著作者の死後70年，著作物の公表後
　　70年若しくは創作後70年又は著作物の公表後70年若しくは創
　　作後70年の期間の終期を計算するときは，著作者が死亡した日
　　又は著作物が公表され若しくは創作された日のそれぞれ属する年
　　の翌年から起算する。
（著作物の利用の許諾）
第63条　著作権者は，他人に対し，その著作物の利用を許諾する
　　ことができる。
　2　前項の許諾を得た者は，その許諾に係る利用方法及び条件の範
　　囲内において，その許諾に係る著作物を利用することができる。
　3〜5　［略］

2 著作権法施行令（抄）

（昭和 45 年 12 月 10 日政令第 335 号）

最終改正：令和元年 6 月 28 日政令第 44 号

（視覚障害者等のための複製等が認められる者）

第 2 条 法第 37 条第 3 項（法第 86 条第 1 項及び第 3 項並びに第
102 条第 1 項において準用する場合を含む。）の政令で定める者は，
次に掲げる者とする。

一 次に掲げる施設を設置して視覚障害者等のために情報を提供
する事業を行う者（イ，ニ又はチに掲げる施設を設置する者に
あつては国，地方公共団体又は一般社団法人等，ホに掲げる施
設を設置する者にあつては地方公共団体，公益社団法人又は公
益財団法人に限る。）

イ 児童福祉法（昭和 22 年法律第 164 号）第 7 条第 1 項の障害
児入所施設及び児童発達支援センター

ロ 大学等の図書館及びこれに類する施設

ハ 国立国会図書館

ニ 身体障害者福祉法（昭和 24 年法律第 283 号）第 5 条第 1 項
の視聴覚障害者情報提供施設

ホ 図書館法第 2 条第 1 項の図書館（司書等が置かれているも
のに限る。）

ヘ 学校図書館法（昭和 28 年法律第 185 号）第 2 条の学校図書
館

ト 老人福祉法（昭和 38 年法律第 133 号）第 5 条の 3 の養護老
人ホーム及び特別養護老人ホーム

チ 障害者の日常生活及び社会生活を総合的に支援するための
法律（平成 17 年法律第 123 号）第 5 条第 11 項に規定する障

害者支援施設及び同条第1項に規定する障害福祉サービス事業（同条第7項に規定する生活介護，同条第12項に規定する自立訓練，同条第13項に規定する就労移行支援又は同条第14項に規定する就労継続支援を行う事業に限る。）を行う施設

二　前号に掲げる者のほか，視覚障害者等のために情報を提供する事業を行う法人（法第2条第6項に規定する法人をいう。以下同じ。）で次に掲げる要件を満たすもの

　イ　視覚障害者等のための複製又は公衆送信（放送又は有線放送を除き，自動公衆送信の場合にあつては送信可能化を含む。ロにおいて同じ。）を的確かつ円滑に行うことができる技術的能力及び経理的基礎を有していること。

　ロ　視覚障害者等のための複製又は公衆送信を適正に行うために必要な法に関する知識を有する職員が置かれていること。

　ハ　情報を提供する視覚障害者等の名簿を作成していること（当該名簿を作成している第三者を通じて情報を提供する場合にあつては，当該名簿を確認していること）。

　ニ　法人の名称並びに代表者（法人格を有しない社団又は財団の管理人を含む。以下同じ。）の氏名及び連絡先その他文部科学省令で定める事項について，文部科学省令で定めるところにより，公表していること。

三　視覚障害者等のために情報を提供する事業を行う法人のうち，当該事業の実施体制が前号イからハまでに掲げるものに準ずるものとして文化庁長官が指定するもの

2　文化庁長官は，前項第3号の規定による指定をしたときは，その旨をインターネットの利用その他の適切な方法により公表するものとする。

（聴覚障害者等のための複製等が認められる者）

第2条の2 法第37条の2（法第86条第1項及び第3項並びに第102条第1項において準用する場合を含む。）の政令で定める者は，次の各号に掲げる利用の区分に応じて当該各号に定める者とする。

一 法第37条の2第1号（法第86条第1項及び第3項において準用する場合を含む。）に掲げる利用 次に掲げる者

 イ 身体障害者福祉法第5条第1項の視聴覚障害者情報提供施設を設置して聴覚障害者等のために情報を提供する事業を行う者（国，地方公共団体又は一般社団法人等に限る。）

 ロ イに掲げる者のほか，聴覚障害者等のために情報を提供する事業を行う法人のうち，聴覚障害者等のための複製又は自動公衆送信（送信可能化を含む。）を的確かつ円滑に行うことができる技術的能力，経理的基礎その他の体制を有するものとして文化庁長官が指定するもの

二 法第37条の2第2号（法第86条第1項及び第102条第1項において準用する場合を含む。以下この号において同じ。）に掲げる利用 次に掲げる者（法第37条の2第2号の規定の適用を受けて作成された複製物の貸出しを文部科学省令で定める基準に従つて行う者に限る。）

 イ 次に掲げる施設を設置して聴覚障害者等のために情報を提供する事業を行う者（(2)に掲げる施設を設置する者にあつては国，地方公共団体又は一般社団法人等，(3)に掲げる施設を設置する者にあつては地方公共団体，公益社団法人又は公益財団法人に限る。）

  (1) 大学等の図書館及びこれに類する施設

  (2) 身体障害者福祉法第5条第1項の視聴覚障害者情報提供施設

  (3) 図書館法第2条第1項の図書館（司書等が置かれている

ものに限る。)

　(4)　学校図書館法第2条の学校図書館

　ロ　イに掲げる者のほか，聴覚障害者等のために情報を提供す
　　る事業を行う法人のうち，聴覚障害者等のための複製を的確
　　かつ円滑に行うことができる技術的能力，経理的基礎その他
　　の体制を有するものとして文化庁長官が指定するもの

2　文化庁長官は，前項第1号ロ又は第2号ロの規定による指定を
　したときは，その旨をインターネットの利用その他の適切な方法
　により公表するものとする。

3　著作権法施行規則（抄）

（昭和45年12月23日文部省令第26号）

最終改正：令和元年年7月1日文部科学省令第9号

第3章　視覚障害者等のために情報を提供する事業を行う法人の公表事項等

（公表事項）

第2条の3　令［著作権法施行令］第2条第1項第2号ニの文部科
　学省令で定める事項は，次に掲げるものとする。

　一　視覚障害者等のために情報を提供する事業の内容（法第37条
　　第3項（法第86条第1項及び第3項並びに第102条第1項に
　　おいて準用する場合を含む。）の規定により複製又は公衆送信を
　　行う著作物等の種類及び当該複製又は公衆送信の態様を含む。）

　二　令第2条第1項第2号イからハまでに掲げる要件を満たして
　　いる旨

（公表方法）

第2条の4　令第2条第1項第2号ニの規定による公表は，文化庁

長官が定めるウェブサイトへの掲載により行うものとする。

第３章の２　聴覚障害者等用複製物の貸出しの基準

第２条の５　令第２条の２第１項第２号の文部科学省令で定める基準は，次のとおりとする。

一　専ら著作権法（以下「法」という。）第37条の２第２号の規定の適用を受けて作成された複製物（以下この条において「聴覚障害者等用複製物」という。）の貸出しを受けようとする聴覚障害者等を登録する制度を整備すること。

二　聴覚障害者等用複製物の貸出しに関し，次に掲げる事項を含む規則を定めること。

　　イ　聴覚障害者等用複製物の貸出しを受ける者が当該聴覚障害者等用複製物を法第37条の２第２号に定める目的以外の目的のために，頒布せず，かつ，当該聴覚障害者等用複製物によつて当該聴覚障害者等用複製物に係る著作物を公衆に提示しないこと。

　　ロ　複製防止手段（電磁的方法（法第２条第１項第20号に規定する電磁的方法をいう。）により著作物のデジタル方式の複製を防止する手段であつて，著作物の複製に際しこれに用いられる機器が特定の反応をする信号を著作物とともに記録媒体に記録する方式によるものをいう。次号において同じ。）が用いられていない聴覚障害者等用複製物の貸出しを受ける場合に，当該貸出しを受ける者が当該聴覚障害者等用複製物を用いて当該聴覚障害者等用複製物に係る著作物を複製しないこと。

三　複製防止手段を用いていない聴覚障害者等用複製物の貸出しをする場合は，当該聴覚障害者等用複製物に係る著作物とともに，法第37条の２第２号の規定により複製を行つた者の名称

及び当該聴覚障害者等用複製物を識別するための文字，番号，記号その他の符号の記録（当該聴覚障害者等用複製物に係る著作物が映画の著作物である場合にあつては，当該著作物に係る影像の再生の際に併せて常に表示されるようにする記録に限る。）又は記載をして，当該貸出しを行うこと。

　四　聴覚障害者等用複製物の貸出しに係る業務を適正に行うための管理者を置くこと。

2　前項の規定は，法第86条第1項及び第102条第1項において準用する法第37条の2の政令で定める者に係る令第2条の2第1項第2号の文部科学省令で定める基準について準用する。

4　著作権法施行規則第2条の4の規定に基づき文化庁長官が定めるウェブサイトを定める件

（平成31年3月29日文化庁告示第25号）

　著作権法施行規則（昭和45年文部省令第26号）第2条の4の規定に基づき，文化庁長官が定めるウェブサイトとして，一般社団法人授業目的公衆送信補償金等管理協会のウェブサイトを定め，公布の日から施行する。

　なお，平成30年文化庁告示第115号は，廃止する。

図書館の障害者サービスにおける
著作権法第 37 条第 3 項に基づく
著作物の複製等に関するガイドライン

2010 年 2 月 18 日

2013 年 9 月 2 日別表一部修正

2019 年 11 月 1 日一部改定

国公私立大学図書館協力委員会

（公社）全国学校図書館協議会

全国公共図書館協議会

専門図書館協議会

（公社）日本図書館協会

（目的）

1　このガイドラインは，著作権法第 37 条第 3 項に規定される権利制限に基づいて，「視覚障害その他の障害により視覚による表現の認識が困難な者」（以下このガイドラインにおいて「視覚障害者等」という）に対して図書館サービスを実施しようとする図書館が，著作物の複製，譲渡，公衆送信を行う場合に，その取り扱いの指針を示すことを目的とする。

（経緯）

2　2009（平成 21）年 6 月 19 日に公布された著作権法の一部を改正する法律（平成 21 年法律第 53 号）が，一部を除き 2010（平成 22）年 1 月 1 日から施行された。図書館が，法律改正の目的を達成し，法の的確な運用を行うためには，「図書館における著作物の利用に関する当事者協議会」を構成する標記図書館団体（以下「図書館団体」という。）は，ガイドラインの策定が必要であるとの意見でまとまった。そのため，図書館団体は，著作者の権利に留意しつつ図書館利用者の便宜を図るために，同協議会を構成する権

利者団体（以下「権利者団体」という。）と協議を行い，権利者団体の理解の下にこのガイドラインを策定することとした。

（本ガイドラインの対象となる図書館）

3　このガイドラインにおいて，図書館とは，著作権法施行令第2条第1項各号に定める図書館をいう。

（資料を利用できる者）

4　著作権法第37条第3項により複製された資料（以下「視覚障害者等用資料」という。）を利用できる「視覚障害者等」とは，別表1に例示する状態にあって，視覚著作物をそのままの方式では利用することが困難な者をいう。

5　前項に該当する者が，図書館において視覚障害者等用資料を利用しようとする場合は，一般の利用者登録とは別の登録を行う。その際，図書館は別表2「利用登録確認項目リスト」を用いて，前項に該当することについて確認する。当該図書館に登録を行っていない者に対しては，図書館は視覚障害者等用資料を利用に供さない。

（図書館が行う複製（等）の種類）

6　著作権法第37条第3項にいう「当該視覚障害者等が利用するために必要な方式」とは，次に掲げる方式等，視覚障害者等が利用しようとする当該視覚著作物にアクセスすることを保障する方式をいう。

　　録音，拡大文字，テキストデータ，マルチメディアデイジー，布の絵本，触図・触地図，ピクトグラム，リライト（録音に伴うもの，拡大に伴うもの），各種コード化（SPコードなど），映像資料のサウンドを映像の音声解説とともに録音すること等

（図書館間協力）

7　視覚障害者等のための複製（等）が重複することのむだを省く

ため，視覚障害者等用資料の図書館間の相互貸借は積極的に行われるものとする。また，それを円滑に行うための体制の整備を図る。

（複製の品質）

8　図書館は第6項に示す複製（等）の質の向上に努める。そのために図書館は担当者の研修を行い，技術水準の維持を確保する。図書館団体は，研修に関して積極的に支援する。

（市販される資料との関係）

9　著作権法第37条第3項ただし書に関して，図書館は次のように取り扱う。

　(1)　市販されるもので，次のa)～d)に示すものは，著作権法第37条第3項ただし書に該当しないものとする。

　　a)　当該視覚著作物の一部分を提供するもの

　　b)　録音資料において，朗読する者が演劇のように読んだり，個々の独特の表現方法で読んでいるもの

　　c)　利用者の要求がデイジー形式の場合，それ以外の方式によるもの

　　d)　インターネットのみでの販売などで，視覚障害者等が入手しにくい状態にあるもの（ただし，当面の間に限る。また，図書館が入手し障害者等に提供できるものはこの限りでない。）

　(2)　図書館は，第6項に示す複製（等）を行おうとする方式と同様の方式による市販資料の存在を確認するため，別に定める「著作権法第37条第3項ただし書該当資料確認リスト」を参照する。当該方式によるオンデマンド出版もこれに含む。なお，個々の情報については，以下に例示するように具体的にどのような配慮がなされているかが示されていることを要件とする。

　　また，販売予定（販売日を示したもの）も同様に扱う。

（資料種別と具体的配慮内容）

> 例：音声デイジー，マルチメディアデイジー（収録データ形式），大活字図書（字体とポイント数），テキストデータ，触ってわかる絵本，リライト

(3)　前記(2)の「著作権法第37条第3項ただし書該当資料確認リスト」は日本図書館協会のサイト内に置く。日本図書館協会は，その情報を適時確認し更新を行う。出版社などが新たに販売を開始した場合は日本図書館協会に連絡することにより，このリストに掲載することができる。

(4)　前記(2)の販売予定の場合，販売予告提示からその販売予定日が1か月以内までのものを「提供または提示された資料」として扱う。ただし，予定販売日を1か月超えても販売されていない場合は，図書館は第6項に示す複製（等）を開始することができる。

(5)　図書館が視覚障害者等用資料の複製（等）を開始した後に販売情報が出された場合であっても，図書館は引き続き当該複製（等）を継続し，かつ複製物の提供を行うことができる。ただし，公衆送信は中止する。

（ガイドラインの見直し）

10　本ガイドラインは，社会状況の変化等に応じて随時見直し，改訂を行う。その際は，「図書館における著作物の利用に関する当事者協議会」における検討を尊重する。

（附則）

1　2018（平成30）年5月25日に公布された著作権法の一部を改正する法律（平成30年法律第30号）（平成31年1月1日施行）に合わせ，ガイドラインの一部を修正することとした。

以上

別表1

視覚障害	発達障害
聴覚障害	学習障害
肢体障害	いわゆる「寝たきり」の状態
精神障害	一過性の障害
知的障害	入院患者
内部障害	その他図書館が認めた障害

別表2

※ガイドラインに基づき，図書館職員が「視覚障害その他の障害により視覚による表現の認識が困難な者」を判断するための一助としてこのリストを作成する。以下の項目のいずれかに該当する場合は，図書館の障害者サービスの利用者として登録ができる。（本人以外の家族等代理人によるものも含む）

利用登録確認項目リスト

チェック欄	確認事項
	身体障害者手帳の所持　[　　]級（注）
	精神障害者保健福祉手帳の所持　[　　]級
	療育手帳の所持　[　　]級
	医療機関・医療従事者からの証明書がある
	福祉窓口等から障害の状態を示す文書がある
	学校・教師から障害の状態を示す文書がある
	職場から障害の状態を示す文書がある
	学校における特別支援を受けているか受けていた
	福祉サービスを受けている
	ボランティアのサポートを受けている

	家族やヘルパーに文書類を読んでもらっている
	活字をそのままの大きさでは読めない
	活字を長時間集中して読むことができない
	目で読んでも内容が分からない，あるいは内容を記憶できない
	身体の病臥状態やまひ等により，資料を持ったりページをめくったりできない
	その他，原本をそのままの形では利用できない

注　（身体障害者手帳における障害の種類）視覚，聴覚，平衡，音声，言語，咀嚼，上肢，下肢，体幹，運動－上肢，運動－移動，心臓，腎臓，呼吸器，膀胱，直腸，小腸，免疫など（身体障害者福祉法別表による）

著作権法第 37 条第 3 項ただし書該当資料確認リスト

2020 年 7 月 13 日現在

　このリストは，「図書館の障害者サービスにおける著作権法第 37 条第 3 項に基づく著作物の複製等に関するガイドライン」に基づき，視覚障害者等用資料を販売している出版社等の一覧を日本図書館協会が作成して提供するものです。視覚障害者等用資料の作製および公衆送信を行う場合に，同様のものが販売等されていないことを確認するためにご活用ください。

　なお，視覚障害者等用資料を販売されている出版社等で，下記のリストに掲載がない場合は掲載をさせていただきたいので，お手数ですが日本図書館協会までお知らせいただきますよう，よろしくお願い申し上げます。

＊連絡先　日本図書館協会

〒 104-0033　東京都中央区新川 1-11-14

TEL:03-3523-0811　FAX:03-3523-0841

お問い合わせ　https://www.jla.or.jp/inquiry/tabid/76/Default.aspx

1.　録音資料

(1)　音声デイジー・マルチメディアデイジー

出版社名	電話番号	ホームページ
㈱音訳サービスＪ	045-441-1674	https://onyakuj.com/index.php
(社福)桜雲会	03-5337-7866	http://ounkai.jp/publish/daisy/

(2)　オーディオブック

出版社名	電話番号	ホームページ
㈱音訳サービスＪ	045-441-1674	https://onyakuj.com/index.php
ことのは出版㈱	FAX 045-316-8037	https://www.kotonoha.co.jp
(社福)埼玉福祉会 サイフク AV ライ ブラリーオンライ ン	048-485-1277	http://www.saifuku- av.com/index2.html
(社福) 桜雲会	03-5337-7866	http://ounkai.jp/publish/audio1/

2.　大活字資料

出版社名	電話番号	ホームページ
(NPO 法人) 大活 字文化普及協会	03-5282-4361	http://www.daikatsuji.co.jp/
(社福)埼玉福祉会	048-481-2188	https://www.saifuku.com/annai/
(有)読書工房	03-5988-9160	https://www.d-kobo.jp/

3.　テキストデータ

出版社名	電話番号	ホームページ
(有)読書工房	03-5988-9160	https://www.d-kobo.jp/
㈱生活書院	03-3226-1203	https://www.seikatsushoin.com/ order/index.html

テキストデータは，決まった出版社が直接販売するケースはほとんどありません。

　しかし，障害者等が書籍を購入した時に出版社に申し出るとデータがもらえるケースがあります。書籍の奥付などにそのような表示がある場合はテキストデータも合わせて販売しているものと判断します。

事項索引

148

執筆・編集委員一覧　（五十音順）

安藤　一博（あんどう　かずひろ）　国立国会図書館

梅田ひろみ（うめだ　ひろみ）　元日本点字図書館

加藤　俊和（かとう　としかず）　全国視覚障害者情報提供施設
　　協会

河村　　宏（かわむら　ひろし）　支援技術開発機構

＊佐藤　聖一（さとう　せいいち）　埼玉県立久喜図書館

＊椎原　綾子（しいはら　あやこ）　目黒区立八雲中央図書館

杉田　正幸（すぎた　まさゆき）　大阪府立中央図書館

返田　玲子（そりた　れいこ）　調布市立中央図書館

＊冨澤　亨子（とみざわ　りょうこ）　筑波大学附属視覚特別支援
　　学校

＊新山　順子（にいやま　じゅんこ）　元川越市立図書館

野口　武悟（のぐち　たけのり）　専修大学

野村美佐子（のむら　みさこ）　日本 DAISY コンソーシアム

南　　亮一（みなみ　りょういち）　国立国会図書館

いずれも，日本図書館協会障害者サービス委員会または著作権委員会
委員あるいは元委員あるいはオブザーバー

所属は 2020 年 3 月現在，＊は編集委員

EYE LOVE EYE

◆JLA 図書館実践シリーズ　26
障害者サービスと著作権法　第2版

2021 年 1 月 20 日　　初版第 1 刷発行ⓒ

定価：本体 1600円（税別）

編　者：日本図書館協会障害者サービス委員会，著作権委員会
発行者：公益社団法人　日本図書館協会
　　　　　〒104-0033　東京都中央区新川1-11-14
　　　　　Tel 03-3523-0811⑷　Fax 03-3523-0841
デザイン：笠井亞子
印刷所：㈱丸井工文社
Printed in Japan
JLA202009　　ISBN978-4-8204-2006-4
本文の用紙は中性紙を使用しています。

JLA 図書館実践シリーズ　刊行にあたって

　日本図書館協会出版委員会が「図書館員選書」を企画して 20 年あまりが経過した。図書館学研究の入門と図書館現場での実践の手引きとして,図書館関係者の座右の書を目指して刊行されてきた。

　しかし,新世紀を迎え数年を経た現在,本格的な情報化社会の到来をはじめとして,大きく社会が変化するとともに,図書館に求められるサービスも新たな展開を必要としている。市民の求める新たな要求に対応していくために,従来の枠に納まらない新たな理論構築と,先進的な図書館の実践成果を踏まえた,利用者と図書館員のための出版物が待たれている。

　そこで,新シリーズとして,「JLA 図書館実践シリーズ」をスタートさせることとなった。図書館の発展と変化する時代に即応しつつ,図書館をより一層市民のものとしていくためのシリーズ企画であり,図書館にかかわり意欲的に研究,実践を積み重ねている人々の力が出版事業に生かされることを望みたい。

　また,新世紀の図書館学への導入の書として,一般利用者の図書館利用に資する書として,図書館員の仕事の創意や疑問に答えうる書として,図書館にかかわる内外の人々に支持されていくことを切望するものである。

2004 年 7 月 20 日

日本図書館協会出版委員会

委員長　松島　茂

図書館員と図書館を知りたい人たちのための新シリーズ！

JLA 図書館実践シリーズ 既刊40冊，好評発売中

（価格は本体価格）

Japan Library Association

図書館員と図書館を知りたい人たちのための新シリーズ！
JLA 図書館実践シリーズ 既刊40冊，好評発売中

Japan Library Association